두렵지만 나에게 솔직해지기로 했다

삶의 전환점에서 흔들리고 불안한 나를 잡아줄 마음 상담

두렵지만 나에게 솔직해지기로 했다

초판 1쇄 인쇄 2020년 12월 14일
초판 1쇄 발행 2020년 12월 21일

지은이 김진세

책임편집 김현성
디자인 Aleph design

펴낸이 최현준·김소영
펴낸곳 빌리버튼
출판등록 제 2016-000166호
주소 서울시 마포구 월드컵로 10길 28, 202호
전화 02-338-9271 l 팩스 02-338-9272
메일 contents@billybutton.co.kr

ISBN 979-11-91228-38-0 03180
ⓒ 김진세, 2020, Printed in Korea

이 도서의 국립중앙도서관 출판예정도서목록(CIP)은 서지정보유통지원시스템 홈페이지(http://seoji.nl.go.kr)와
국가자료공동목록시스템(http://www.nl.go.kr/kolisnet)에서 이용하실 수 있습니다.(CIP제어번호:CIP2020050123)

두렵지만

삶의 전환점에서 흔들리고 불안한

나를 잡아줄 마음 상담

나에게
솔직해지기로 했다

김진세 지음

빌리버튼 billybutton

알면 더 사랑할 텐데···

스스로를 사랑할수록 더 행복해집니다. 그런데 그게 쉽지 않나 봅니다. '자기를 사랑하라는 이야기는 귀에 못이 박히도록 들었어요. 근데 어떻게 해야 자신을 사랑할 수 있을까요?'라는 질문을 하루에도 서너 번씩 듣곤 합니다.

선뜻 답을 드리지 못해 치료자나 내담자나 둘 다 곤혹스러운 날들도 있습니다. 즉답을 못 하는 이유는 여러 가지입니다. 치료자가 신중한 태도를 지향하기 때문이고, 변화의 과정 자체가 힘들기 때문이기도 하며, 내담자마다 다른 장애물이 버티고 있기 때문입니다.

그런데 자신을 사랑하는 방법을 어렵지 않게 터득하는 내담자들이 있습니다. 어떤 차이가 있을까요? 비교적 쉽게 스스로를 사랑하기 시작한 분들은, 한결같이 자기 자신을 어느 정도 잘 아는 분들입니다. 자신의 감정과 생각과 행동이 형성되고 작동하는 심리적인 틀을 잘 이해하고 있는 경우죠. 알면 알수록 더 사랑할 수 있게 되는 것처럼, 우리 자신을 알게 되면 될수록 더 많이 사랑할 수 있답니다.

사실 스스로를 안다는 것이 쉬운 일은 아닙니다. 그래서 상담을 모두 마치고 집으로 가는 길이면 늘 안타까운 마음이 듭니다. '어떻게 하면 좀 더 쉽게 스스로를 알게 할 수 있을까?'

좋은 영화와 소설 그리고 드라마의 주인공들은 우리를 웃음 짓게 하거나 눈물을 흘리게 하기도 합니다. 다른 어떤 것보다 쉽게 감동을 불러일으킵니다. 감동적인 작품은 특징이 있습니다. 등장인물들의 감정과 사고와 행동이 그럴 만하다고 쉽게 수긍이 갑니다. 고개를 끄덕이며, '그래 그럴 수밖에 없어'라고 생각하게 됩니다. 더구나 그 이야기가 내 이야기 같다면, 감동은 더할 나위 없고, 깨달음마저 얻게 됩니다.

그래서 생각해봤습니다. 만약 작품 속 등장인물들이 겪고 있는 고민과 아픔을 내가 상담하게 된다면, 그리고 그 과정에서 심리적 문제와 해결책을 알 수 있다면 어떨까 하고 말입니다. 그 등장인물에 자기 자신을 투영하고 있을 누군가가 실제 삶 속의 문제를 이해하고 극복하는 데 도움이 되지 않을까요? 그래서 스스로를 더 많이 알게 되면, 더욱더 사랑하게 되지 않을까요?

문제는 나를 알아가는 과정이 즐겁지만은 않다는 것입니다. 즐겁기는커녕 오히려 두렵기조차 합니다. 내 안의 내가 보잘것 없고, 밉고, 열등하다고 느껴지기도 합니다. 그러다 보니 어떤 책이나 영화는 이상하게 끌리는데, 보고 난 후의 무거운 마음 때문에 다시는 쳐다보기도 싫은 경우도 있습니다. 두려움은 문제를 회피하게 합니다. 여태껏 아파도 안 아픈 척, 불편해도 불편하지 않은 척, 부당해도 못 본 척, 남의 눈치만 보고 살아왔던 것입니다. 솔직하지 않은 삶이었죠.

용기 내야 합니다. 이런 두려움은 누구에게나 있을 수 있습니다. 특히나 행복을 위해 스스로를 발견하는 작업 중, 그것이 상담이든 수행이든 종교 활동이든, 두려움은 반드시 나타나는 감정입니다. 피할 수 없다면 받아들여야죠. 기쁜 마음으로 두려움과 맞서야 합니다.

함께 시작해봅시다. 두렵더라도, 나에게만은 솔직해집시다. 만약 혼란과 갈등 속에 불행하다고 느낀다면, 한번쯤 스스로를 더 많이 알아내려고 노력해보세요. 알면 알수록 더 사랑하게 되고, 그만큼 더 행복해지기 마련이니까요.

2부

삶은 선택의 연속,
어떻게 선택해야 후회가 없을까?

차
례

3부

인간은 쉽게 무너지지 않아,
무기력과 상실감에서 벗어나려면?

4부

걱정과 불안에서 벗어나
진짜 나와 마주하는 용기

1부

상처받지 않고
나답게 살아가기 위하여

다른 누구의 눈치도 보지 않고
스스로에게 솔직한 삶

"하루하루 허깨비처럼 사는 것 같아요⋯.
어머니에 휘둘리고, 아내는 대놓고 저를 비난하기도 합니다.
사춘기 청소년 같은 이야기지만, 내가 누군지 모르겠어요."

학력고사 전국 수석, 서울대 의대 졸업, 주남대 척추센터장에 기획조
정실장이라는 명함을 가진 7는 세상 거칠 것이 없었다. 공부? 성공?
노력하면 안 되는 것이 없다고 생각했다. 그러나 그 노력이 누구에
의한, 누구를 위한 것이었는지 성찰하게 하는 일대 사건을 겪는다.
병원장의 손자를 살리겠다고 밀쳐낸 위급 환자가 사실은 첫사랑과의
사이에서 얻은 자신의 혼외자식임을 알게 된 것이다. "제 새끼인 줄
도 모르고 죽인 주제에 어떻게 의사 노릇을 하느냐"며 가운을 집어던

졌던 그는 죄책감과 좌절감을 딛고 새 인생을 살아보려 하지만, 영 쉽지 않다.

내담자 | 강준상(男), 주남대학병원 정형외과 교수 (〈SKY 캐슬〉의 독불장군)

강준상 선생님, 하루하루를 허깨비처럼 살아가는 거 같습니다. 딸내미들 보면서 살려고 노력 중인데 중심을 잡기가 영 쉽지 않네요. 그동안 제 인생의 오점은 모교인 서울대 병원에서 수련의 과정 못 밟고 주남대 가운 입은 거 정도였는데, 알고 보니 총체적으로 망했더라고요. 어쩌다 이렇게 불행하게 됐을까요? 정말 잘 살고 있다고 생각했는데….

K박사 사는 게 참 쉽지 않죠. 1등으로 살기 위해 애를 많이 쓰셨을 텐데, 지금 그런 노력이나 성과가 다 허무하게 느껴지시나 봅니다. 그 정도의 성취를 이루려면, 남들 놀 때 놀지도 못하고, 잠도 줄여야 가능했을 겁니다. 때로는 정의에 어긋나거나 도리에 어긋나는 일을 하면서도 말입니다. 그런데도 불행하게 느껴진다면, 뭔가 단단히 잘못된 게 틀림없지요.

K박사 평소 '성취는 곧 행복'이라는 잘못된 신념을 갖고 있는 것은 아닌가요? 물론 성취가 행복에 도움이 되기는 합니다. 그렇지만 성취를 통한 행복은 그리 길게 가지 않죠. 예를 들어, 원하던 대학에 합격했을 때의 행복도 순간일 뿐 오래 지속되진 않거든요. 진정한 행복이란 지속적이어야 가치가 있고, 그래서 과정이 중요하죠.

강준상 듣고 보니, 제가 느낀 건 행복이 아니었네요. 남들을 이겼다는 승리감에 도취되었었나 봐요.

K박사 중요한 말씀입니다. 나 혼자만이 아닌 다른 사람들과의 관계 속에서 행복은 더 커갑니다. 독불장군의 행복은 존재 자체가 불가능합니다. 늦지 않았습니다. 지금이라도 행복해지고 싶다면, '성취'와 그것을 이뤄가는 '과정'의 균형을 잡아보세요. 성취라는 결과에만 매몰되면 위험합니다. 그리고 자신과 주변과의 관계도 고려하시고요.

강준상 주변과의 관계라…. 선생님, 혹시 이게 다 어머니 탓은 아닐까요? 남 탓만 한다고 뭐라 하실 수도 있지만, 제 인생은 거의 어머니가 정해놓으신 거나 다름없거든요. 의사라는 직업은 대한의협 회장을 연임한 아버지 영향을 받았다고 치더라도, 그 과정에서는 어머니의 뜻대로 움직여야 했어요. 심지어 결혼도 그랬죠. 사랑하는 여자가 있었는데, 간호조무사라는 이유로 반대하셨어요. 어깃장 놓는 마음으로 일부러 더 만나기도 해봤는데, 제까짓 게 할 수 있는 반항이 딱 거기까지였어요. 네, 마마보이라고 부르셔도 됩니다. 내 의지대로 살아왔다고 생각했는데, 사실은 어머니가 분칠하고 포장해서 무대 위에 세워놓은 거였더라고요. 이제껏 제 얼굴이 어떻게 생겼는지도 모르고 살았어요.

K박사 부모는 어떤 방식으로든 자식의 삶에 영향을 미칠 수밖에 없습니다. 지금 불행하다고 느낀다면, 부모 탓이라 원망할 수도 있겠죠. 하지만 자식이 잘되길 바라지 않는 부모가 있을까요? 문제는 부모의 바람이라기보다는, 자신의 만족을 위해 자식에게 특정 삶을 강요하는 경우지요. 적잖은 부모들이 그렇게 합니다. 자녀의 삶을 망치고 있다는 사실을 깨닫지도 못하

고 말입니다.

　아직 가치체계가 완성되지 못한 어린아이들에게 부모의 태도는 절대적입니다. 1등을 해야만 사랑받는 아이는, 세상에서 제일 중요한 가치가 1등뿐이게 됩니다. 2등은 패배자라고 교육받은 아이는 2등이 되는 순간 세상에서 제일 못난 사람이 되고 맙니다. 1등과 2등의 차이를 분명히 느낄수록 아이는 부모의 의도대로 더 경쟁적이 되고 말겠죠. 그래서 강준상 씨가 그리도 성취지향적인 겁니다.

강준상 그렇군요. 사실 어머니가 두려운 순간도 많았어요. 하지만 다 제가 잘되기를 바라는 마음으로 더 엄격하게 대하셨다고 생각해서 반항할 생각도 못했어요.

K박사 물론 자식 잘되길 바라는 어머니의 마음은 진심이셨을 겁니다. 하지만 결코 현명한 태도는 아닙니다. 그저 아이가 잘되길 바랐을 뿐이라고 하시겠지만, 자세히 들여다보면 그건 착각입니다. 부모의 대리만족을 위해 자녀를 희생시킬 뿐이지요. 결과적으로 보면 진심이 아닌 욕심일 뿐이고, 바람이 아닌 강요가 되고 맙니다.

만약 강준상 씨가 미성년자라면, 꼭 부모님과 함께 가족 상담을 받으라고 권했을 겁니다. 부모의 태도가 바뀌지 않으면 자녀 또한 바뀌기 어려우니까요. 성인이라도, 필요하다면 가족 상담을 할 수도 있습니다. 하지만 가장 중요한 건 스스로의 노력입니다. 부모 원망만 하고 있다가는 내 인생을 망치기 쉽겠죠. 지금이라도 늦지 않았습니다. 부모와 주변의 기대에서 벗어나 어떻게 사는 것이 나답게 사는 삶인지 심사숙고해보세요.

강준상 부모가 어떤 식으로든 자식에게 영향을 끼치게 마련이라는 걸 실감하고 나니 저는 우리 아이들에게 어떤 영향을 끼쳤을지, 제 부모님의 과오를 반복했던 것 같아 걱정이 되네요.

일방통행적인 관계는
서로에게 독

K박사 이제부터라도 자녀와의 관계에서 일방통행적인 관계는 지양하기 바랍니다. 여러 가지 이유로 부모는 아이의 일상에 간섭을 하게 됩니다. 공부를 안 하면 제구실을 못할까 봐, 또는

잘될 소질이 보이지만 노력을 안 하는 것 같아서, 아니면 너무 어리숙한 자녀가 뭘 어찌할지 몰라 하는 것 같이 보여서…. 다시 말해서 아이의 미래가 불투명하니 부모의 간섭과 지시가 반드시 필요하다고 믿는 부모가 생각보다 많습니다. 그런데 아시다시피 세상에 투명한 미래가 어디 있습니까? 그런 부모들의 마음을 들여다보면, 실은 본인들이 불안해서 그런 것입니다. 자신의 불안을 덜어내려고 자식들의 미래를 통제하려고 하는 겁니다.

불행히도 그렇게 자란 아이들에게 자율성이란 없습니다. 부모가 돕지 않으면 아무것도 못하게 되지요. 부모가 아니더라도 시간과 돈만 있으면 아이들에게 잘해주는 것은 어렵지 않아요. 하지만 불안을 내려놓고, 꾹 참을 수 있는 사람은 부모가 아니면 하기 힘들죠. 잊지 마세요. 사랑으로 믿고 인내하며 바라봐 주세요.

간준상 제가 너무 어머니 원망만 했나 봅니다. 내 인생이니 내가 잘해야 했는데…. 부끄럽네요. 그리고 말씀처럼 예서와 예빈이의 미래가 저처럼 혼란 속에 흔들리지 않게, 잘 참고 지켜보겠습니다. 그런데 선생님, 최근에 여러 일들을 겪고 나서 가장 많이 놀랐던 것은 아내의 태도였어요. 뭐 내가 좋아서 명문가 딸에 유학생 출신이라는 거짓 배경에 동조한 것도 있지만, 솔직히 요즘은 아내가 무섭습니다. 예전에는 제가 원하는 일은 무엇이든 찍소리 안 하고 들어주던 사람이었어요. 인간이니 틀림없이 하기 싫은 일도 있었을 텐데 말입니다. 그런데 요즘은 오히려 대놓고 저를 비난하기도 합니다. 뭔가 좀 거칠어진 것 같아요. 도통 아내의 진심을 모르겠네요. 아니면, 제가 너무 주눅이 들어 있는 건가요?

K박사 몇십 년을 같이 살았어도, 아마 아내의 속마음을 제대로 들여다볼 수 있는 남편은 거의 없을 겁니다. 바깥일에 바쁘거나 관심이 없어서일 수도 있겠지만, 남자가 여자에 비해 심리적으로 둔감하기 때문이기도 하지요. 결혼생활을 들어보니, 아내 분은 늘 긴장 속에서 살아야 했을 겁니다. 본래의 모습이 아닌 가식적인 태도로 살아야 했으니 더 불안했을 거예요. 아내분이 거짓으로 꾸민 배경이라는 것도 실은 강준상 씨와 시어머니를 만족시키기 위한 것이었을 겁니다. 좋아서 한 일만은 아니라는 거죠. 언제 들통날지도 모를 거짓은 인간을 조바심치게 하고 소심하게 만들죠. 게다가 남편과 시어머니의 권위에 눌려

서 자신을 드러낼 수 없었을 겁니다. 심지어 오래도록 며느리 대접을 못 받기도 했다면서요. 자신의 위치가 인정받지 못한 자리니, 얼마나 주눅이 들었겠습니까. 그런데 최근에 많은 변화가 생겨서 다행입니다. 본인의 과거가 밝혀졌으니, 역설적으로 감출 거짓이 없어진 거지요. 또 이제는 시어머니에게도 인정을 받는다니 어쩌면 지금의 아내 분이야말로 제일 본인다울 겁니다.

강준상 요즘 같으면 아내가 '내가 알던 사람이 맞나' 싶을 때도 많은데, 어쩌면 지금 이 모습이 가장 아내다운 모습일 수 있다니 놀랍네요.

K박사 하지만 더 세심하게 살필 필요가 있습니다. 아내 분의 거친 태도가 반드시 자존감의 회복으로 인한 것이 아닐 수도 있으니까요. 아내가 40대 중반에 접어든다고 하셨죠? 그렇다면, 아직은 좀 이르지만, 생물학적인 이유가 있을 수 있습니다. 남녀 모두 중년이 되면 호르몬의 변화가 일어납니다. 남녀의 성적 역할에 중요한 영향을 미치는 에스트로겐이나 테스토스테론 같은 성호르몬이 줄어드는데, 이로 인해 남자는 여성적

으로, 또 여자는 남성적으로 바뀌게 되죠. 이를 생물학적 평등의 시기 또는 호르몬적 평등의 시기라고 불러야 할지 모르겠지만, 부부관계에도 변화가 오게 마련입니다. 그러니 이제 생각을 바꾸셔야 아내 분과 편히 지낼 수 있습니다. 더 이상 가부장적인 태도로 아내와 자녀들의 일방적인 희생을 강요하지 않아야겠죠. 아시다시피 가속의 고통은 곧 나의 불행으로 이어집니다. 가장의 역할을 포기하라거나 무소신 가족들의 의견만 옳으니 따르라는 것은 절대 아닙니다. 가장은 책임과 희생만큼이나 권위가 주어져야 합니다. 아버지든 어머니든 가장의 권위는 선하게 사용되어야 행복할 수 있습니다. 가족은 물론이고 강준상 씨 또한 말입니다.

강준상 노력하겠습니다. 그런데 선생님, 사춘기 청소년 같은 이야기지만, 내가 누군지 모르겠어요. 의사는 때려치웠는데 정작 이제부터 뭘 해야 할지 모르겠어요. 어머니와 아내에게 조언을 구하는 것도 솔직히 민망하잖아요. 앞서 주남대 병원을 뛰쳐나간 수창이 형처럼 시골 병원에 가서 일할 자신도 없고요. 제 나이 50, 뭘 할 수 있을까요?

K박사 짧은 기간에 많은 변화를 겪으셨네요. 상담을 오시는 분들 중에는 직장을 잃은 50대가 적지 않아요. 회사가 어려워져 명예퇴직을 당하는 경우도 있지만, 반드시 불황 탓만은 아니에요. 살다 보면 어쩔 수 없는 일이라는 것이 있잖아요. 이 세상에 태어난 것 자체가 스스로 어쩔 수 없는 것이니까요. 나이 먹는 것도 바꿀 수 없잖아요. 죽음도 마찬가지고요. 그런데 근 10여 년간 가장 거스를 수 없는 흐름은 인간의 수명이 길어졌다는 사실일 겁니다. 이전에는 65세가 넘으면 노인이라고 했는데, 최근에는 80세를 노인의 기준으로 하자는 이야기가 나올 정도로 건강하게 오래 삽니다. 인생이 길어진 만큼, 50에 느끼는 삶에 대한 생각과 고민이 사춘기의 그것과 별반 차이가 없다고도 할 수 있을 겁니다. 정체성에 대해 고민하게 되기도 하지요.

강준상 맞습니다. 마치 인생에 또 한번 사춘기가 찾아온 것 같아요.

K박사 긍정적으로 생각해보세요. 이런 생각의 변화는 점점 늘어나는 수명에 적응할 수 있는 기회를 줍니다. 하나의 직업만으로도 죽을 때까지 살던 시절은 이제 끝났습니다. 강준상 씨에게 의대 교수는 어쩌면 첫 직업일 수 있습니다. 힘든 지금의 시기에 방황도 좀 하고 고민도 하면서, 두 번째 직업을 찾아보는 것은 어떨까요?

강준상 글쎄요. 어떤 직업이 좋을까요?

K박사 평소 하고 싶었던, 부모의 강요에 의해 포기해야 했던 일들 중에서 찾아보세요. 하다 보면 완전히 몰입해서 시간 가는 줄도 모르는 일은 없었나요? 그런 일들 중에 지금의 건강과 능력에 걸맞은 것을 찾아서 시도해보세요. 아까 말씀드렸듯이, 성취가 아닌 과정을 중시하고, 또 자신만이 아닌 주변을 위하고 배려하면서 할 수 있는 정말 재미있고 의미 있는 일들 말입니다.

중년 이후의 행복은 다른 누구의 눈치를 보지 않는, 스스로에게 솔직한 삶이 되면 좋겠어요.

세상에 완벽한 커플은 없어

"처음엔 사랑했던 그 사람, 큰 갈등은 없지만, 지금은 저를 가장 힘들게 해요.
하지만 '혹시 잘못된 선택을 하면 어쩌지?' 하는
불안 때문인지 이별할 용기도 없어요."

당차고 긍정적인 성격의 안나, 결혼 생활에서도 고유의 개성을 잃지 않고 잘 살 수 있을까?

코스튬 드레스 분야에서의 인기는 언니 엘사에게 밀렸지만, 사실 크레디트에는 가장 먼저 등장하는 〈서울왕국〉의 주인공이다. 매사 긍정적이며 쾌활해서 '성격 좋은 둘째 딸' 소리를 듣는 아렌델 왕국의 여왕. 하지만 결혼 생활에 있어서는 내내 약자라는 느낌을 지울 수 없다. 적극적이고 책임감 강한 본인의 성격에 충실하다 보니, 인생에

내담자 | 안나(女), 아델렌의 여왕 (〈겨울왕국〉의 당차고 긍정적인 주인공)

안나　결혼이란 게 이런 건가요? 저를 가장 기쁘게 했던 사람이 저를 가장 힘들게 하네요. 그런데 문제는 딱히 아주 나쁜 점을 꼬집기는 어렵다는 점이에요. 다른 부부처럼 작은 문제로 다투기는 해도, 감당 못할 만큼은 아니거든요. 흔한 시댁 문제나 경제적인 문제도 없어요. 그냥 서로 안 맞는 거 같아요. 아시겠지만, 이건 정말 예민하고 미묘한 문제예요. 무엇보다 남편은 제가 이렇게 복잡한 문제로 고민하고 있다는 것조차 모르니, 더 답답한 노릇이네요.

K박사　부부 간에 큰 갈등이 없지만, 서로 맞지 않는다는 이야기 같네요. 남편은 어떤 분인가요?

안나　제가 사랑했던 사람이죠. 비록 어린 나이에 부모님을 잃고 혼자가 되었지만, 반듯하게 잘 자라서 동료들과 잘 어울리고 자연과 동물을 정말 사랑하는 사람이에요. 박사님도 잘 아시겠지만, 동물을 사랑하는 사람치고 나쁜 사람 없잖아요. 물론 덜렁대기는 하지만 정말 좋은 사람이에요. 강직하고 정의로워요. 불의를 보면 참지 못하죠. 외형적으로도 남성미가 넘치고 강인해요. 저를 위해서라면 목숨까지 걸 사람인 걸요.

K박사 사랑했던, 과거형을 쓰시네요?

안나 처음에는 너무 사랑했지요. 지금도 그 사람을 미워하지는 않아요. 제가 아주 힘들 때 만났어요. 언니와 문제가 좀 있어서 인생에서 제일 힘든 시기를 보내고 있었는데…. 언제나 제 편이던 그가 없었다면 그 고통을 극복하기 힘들었을 거예요. 근데 문제는 그 사람이 지나치게 의존적이고 수동적이라는 데에 있어요. 결정을 내리질 못해요. 집안 대소사를 비롯해서 모든 문제를 제가 판단해야 한다니까요. 제가 워낙 능동적이고 결단도 빠른 성격이긴 하지만, 때로는 남편에게 기대고 싶을 때가 있잖아요.

K박사 결혼 전에는 그런 분인 줄 모르셨나요?

안나 이제 와 생각해보니, 결혼 전에도 의존적인 면이 있었네요. 항상 저를 기다리는 사람이었지요. 제가 먼 길을 떠나도 찾아 나서기보다는 돌아오길 기다렸어요. 그 당시에는 눈물 나도록 고마웠는데 말이죠. 참, 프러포즈를 받기까지도 한참 걸렸어요. 그때는 둔한 면이 있어서 타이밍을 못 잡는 줄 알았는데, 지나치게 수동적인 사람이라 그랬던 것 같아요.

K박사 그러니까 남편은 착하고 강인하고 순정적이어서 좋았으나, 의존적이고 수동적인 면 때문에 갈등이 생기는 상황이라고 이해하면 되나요?

안나 네, 맞아요.

K박사 당연한 걸 묻는 것 같지만, 왜 착하고 강인하지만 의존적인 남자에게 매력을 느끼나요?

안나 아, 아···. 제 생각에는요, 제 아버지를 닮아서 아닐까요? 아버지는 정말 강인한 분이셨거든요. 여러 가지 힘든 상황 속에서도 집안과 나라를 잘 지키고 이끌어 오셨어요. 또 엄마를 얼마나 사랑하셨다고요. 사실 엄마는 우리나라 분이 아니셨어요. 다문화 가정인 셈이죠. 가장 이상적인 사랑을 보여주셨던 부모님은 저희 자매가 아주 어릴 때 돌아가셨어요. 지금 생각해보면 제가 남편에게 빠진 이유 중에는 우리 둘 다 어린 나이에 부모님을 여의었다는 공통점도 있네요.

K박사 성장하면서 겪은 경험이 비슷할 테니까요. 힘든 배경을 갖고 있다는 사실만으로도 서로에게 더 끌리기도 하지요. 그렇다면 안나 씨는 남편에게서 아버지의 그림자를 찾았다고 해도 과언이 아니겠네요. 많이들 그렇게 사랑에 빠진답니다. 마음속에 있는 가장 이상적인 모습은 아무래도 이성 부모에게서 찾기 쉬워요. 물론 부모 자식 간 사이가 나쁘면 전혀 반대되는 배우자를 만나기도 하지만, 이 또한 부모와의 관계가 영향을 준다는 것은 같은 맥락이지요. 그런데 안나 씨는 왜 수동적인 남자와 결혼을 했을까요? 그 시절 다문화 가정이었으면 여러 가지 편견에 휩싸이기 쉬웠을 거예요. 꿋꿋하게 결혼을 강행한 아버지는 아주 적극적인 분이었을 거 같은데요?

안나 아, 맞아요. 남편의 수동적인 면은 아버지와는 정반대네요. 그때는 제 눈에 콩깍지가 씌었나봅니다.

K박사 콩깍지가 씌었다는 말은 심리학적으로는 큰 의미가 있어요. 남들이 보기에, 심지어 스스로가 생각해도 전혀 맞지 않는 사람인데도 사랑에 빠진 경우 흔히 콩깍지가 씌었다고 비유하죠. 이는 무의식의 커다란 힘이 선택을 좌지우지하기 때문입니다. 이유 없이 확 빠져들었다고 생각할 수도 있지만, 실은 아주 큰 이유가 있습니다.

안나 과연 어떤 이유가 있을까요?

K박사 어릴 적 이야기를 좀 더 해봅시다. 인간의 행동 패턴은 어릴 적 경험에서 비롯되는 경우가 많아요. 혹시 부모님이 돌아가셨을 때 기억이 나세요? 많이 힘들었죠?

안나 지금 생각해도 가슴이 먹먹해져요. 언니에게 생긴 일 때문에 먼 길을 나섰다가 참변을 당하셨어요. 너무 경황이 없었죠. 게다가 저는 언니와도 떨어져 지내야 했어요. 언니와 저는 정말 특별한 사이였어요. 언니는 저의 유일한 놀이 친구이자 우상이었지요. 그런 언니와 떨어져 살아야 한다는 게 엄청난 상처였어요. 우릴 갈라놓은 부모님을 원망하기도 했죠. 지금 생각해보면, 그분들 잘못이 아닌데도 말이에요. 제가 철이 없었죠.

K박사 자책할 필요 없어요. 자연스러운 반응이니까요. 어릴 적 부모와 헤어지면 자녀에게는 상실의 상처가 남습니다. 작고하시든 이혼하시든 말이에요. 오래 떨어져 지내는 것도 마찬가지고요. 아프니까 원망하게 되지요. 그런 상실감을 이성적으로 이해하기 힘든데, 어떻게 감정적으로 잘 처리할 수 있겠어요. 그러니 미운 감정이 드는 것이 무조건 나쁜 것만은 아닙니다.

안나 그런데 부모님의 죽음과 미움이라는 감정, 이것이 어떻게 제 콩깍지와 연관이 있다는 건가요?

K박사 남편을 사랑했던 이유가 아버지의 모습 때문이라면, 수동적인 남자를 만난 것도 같은 맥락의 원인을 갖고 있지 않을까요? 상대가 수동적이면 내 마음대로 하기 쉽잖아요.

안나 그렇죠. 내 곁에 붙들어 맬 수 있겠죠. 박사님, 저는 아빠처럼 강인하고 나를 끔찍이 사랑하는 사람을 원하는 동시에 결코 나를 떠나지 못할 사람을 찾았던 거네요. 그래서 콩깍지가 씌었던 거고요.

K박사 모든 배우자 선택에는 심리적 이유가 존재합니다. 특히나 처음 보자마자 사랑에 빠졌다면, 더더욱 심리적인 원인이 있다고 볼 수 있어요. 그렇다고 서로에게 의존하는 것이 나쁘다는 것은 절대 아닙니다. 사랑에 있어서 조금은 의존적인 것이 서로에게 도움이 되기도 하니까요. 문제는 너무 많이, 지나치게 의지하는 거죠.

안나 의존하는 것에 지나치게 의미를 부여하지 말라는 말씀인가요?

K박사 그렇습니다. 배우자 선택은 인생에 매우 중요한 문제예요. 그래서 선택에 신중을 기하고 이성적이어야 하죠. 사랑은 기본이고, 가장으로서의 책임감과 능력, 건강, 미래에 대한 비전이나 가치관 등을 두루 봐야겠죠. 다시 말해서 종합적인 측

면으로 바라봐야 하는데, 부모님 문제로 인해 수동적인 사람에게 더 호감을 느꼈다는 것은 이성적인 측면보다는 감정적인 측면이 강하게 작용했다는 거겠죠. 그런 장점에만 점수를 몰아주고 나면, 다른 중요한 가치는 평가절하되고 말아요.

안나 수학만 100점이고 다른 과목 점수가 안 좋으면, 결국 성적이 안 좋은 것과 같은 맥락이네요.

K박사 좋은 비유입니다. 국어나 물리도 성적에 중요한 영향을 미치죠. 그런데 만약 단순히 성적 문제가 아니라, 우리 인생에 미치는 영향이라면? 섣불리 콩깍지에 넘어가서는 안 되겠지요.

누구에게나
힘든 이별

안나 머리로는 이제 이해가 되네요. 그럼 저는 이제 어떻게 해야 하나요? 제 사정을 잘 아는 친구는 '손절'하라고 하는데, 그게 그렇게 쉽진 않아요. 애초 결단이 쉬웠으면 상담실을 찾지도 않았겠죠. 이별을 생각하면 마음이 뻥 뚫린 것처럼 공허하고 아파요. 하지만 박사님, 저 아시잖아요? 모험을 두려워하지 않고 매사 긍정적인 아렌델 왕의 자랑스러운 둘째 딸! 저를 바라보고 있는 수많은 사람들을 생각하면 제 결정이 이기적인 것은 아닐까, 걱정이 돼요.

K박사 누구에게나 헤어짐은 힘들어요. 더구나 안나 씨는 부모님과의 이별로 분리불안이 남보다 강할 수 있으니 더욱 그럴 수 있어요. '혹시 내가 잘못된 선택을 하면 어쩌지?' 하는 불안이 엄습할 거예요. 하지만 충분히 극복할 수 있어요. 다른 사람이 아닌 나를 위한 선택이니까요. 비록 잘못한 선택이라도 나의 선택이라면 수습할 길은 존재합니다. 하지만 남의 선택을 좇는다면, 더욱 후회가 쌓이겠지요.

안나 맞아요. 제 결혼이고, 제 인생이잖아요. 제 주제곡이랄 수 있는 노래 '더 넥스트 라이트 싱The next right thing'의 가사처럼 두려움에 뒷걸음치지 말고 나아가겠어요!

K박사 안나 씨, 정말 긍정적인 에너지를 가진 분이셨군요. '행

복한 가정은 모두 비슷한 이유로 행복하지만 불행한 가정은 저마다의 이유로 불행하다'는《안나 카레니나》의 첫 구절처럼 모든 커플이 갖고 있는 문제는 다 다릅니다. 해법도 다를 수밖에요. 하지만 원칙은 있어요. 첫 번째는 현재의 문제를 서로 인정하는 것입니다. 인정하면 답이 보입니다. 안나 씨의 남편이 문제를 직시할 수 있도록 돕는 것이 우선일 것 같습니다. 모든 사람이 자신과 배우자에게 문제가 없기를 바라고, 그렇게 믿기까지 합니다. 문제가 있다면 큰일 나는 줄 알고, 아예 부정하는 경우가 많아요. 하지만 세상에 문제없는 커플이 어디 있겠어요.

문제를 직시하는 것이
변화의 첫걸음

안나   문제를 인정하고 나면요? 어떻게 풀어나가죠? 그 사람 성격이 바뀔 것도 아닌데요.

K박사   제가 하루에도 수십 명씩 변화하고 싶어 하는 분들을 돕습니다. 그렇지만 모두 성공하는 것은 아니에요. 그 중에서 변

화를 이룬 분들은 정말이지 스스로 엄청난 시간과 노력을 쏟습니다. 그런데 변화의 의지도 없는 사람이 변하겠어요?

안나 제가 변해야 한다는 말씀이군요.

K박사 부부를 위해서이기도 하지만, 뭣보다 안나 씨 스스로를 위해 변해야 하죠. 인간관계는 톱니바퀴와 같아서 상대가 완전히 일탈하지만 않는다면 꽉 잡고 돌아갈 수 있어요. 결혼생활도 마찬가지예요. 남편을 상담에 참여시켜야 해요. 문제가 있음을 서로 인정하고 계속 함께하기로 마음먹었다면, 설득이 어렵지는 않습니다. 이왕 같이 살려면 행복하게 살아야죠. 종종 불행히도 두 사람이 헤어져야 더 잘 살 수 있다는 결론을 얻기도 합니다만, 낙담할 이유는 없어요. 결혼도 인생의 한 부분일 뿐입니다. 전부가 아니에요. 결혼과 인생을 동일시하던 시대는 더 이상 아니잖아요.

안나 명심할게요. 제 선택이었으니 제가 잘 마무리해야죠. 일단은 크리스토프와 잘 지내보려 노력할 거예요. 정말 어쩔 수 없는 선택을 하게 되더라도 제 스스로를 믿고 '렛 잇 고^{letitgo}' 하겠어요.

나를 힘들게 한 그 사람,
나를 위해 용서해요

"용서는 다른 누구도 아닌 바로 자기 자신을 위한 거예요….
페기 씨, 부디 행복을 선택하세요."

마틴 스코세이지 감독의 넷플릭스 영화 〈아이리시맨〉. 평범한 트럭 운전사에서 마피아의 충실한 살인 청부업자가 된 프랭크 시런은 어느 날 딸 페기가 동네 슈퍼마켓 주인에게 혼쭐이 났다는 얘기를 전해 듣고는 득달같이 달려가 주인을 흠씬 두들겨 팬다. 가족을 보호하겠다는 취지였겠지만 이는 역효과를 내고, 그만 딸 페기에게 영원히 두려운 존재로 남는다. 페기는 영영 아버지에게 곁을 내주지 않는다.

내담자 | 페기(女), 직장인 (영화 〈아이리시맨〉 프랭크의 둘째 딸)

페기　아버지와의 관계가 힘들어서 왔습니다. 아주 오래전부터 사이가 좋지 않았어요. 어릴 적엔 아버지가 무서웠고, 좀 커서는 제가 아버지를 철저히 무시했어요. 독립하고 나서는 아예 만나지 않았고요. 직장으로 저를 보러 오셔도 피해버렸죠. 그런데 이렇게 사는 게 맞나 싶네요. 그래도 가족인데⋯. 용서나 화해, 뭐 이런 게 필요할까요?

K박사　두 분 사이에 무슨 일이 있었나요?

페기　저희 아버지는 좀 남달라요. 자식들에게 폭력을 휘두르지는 않았지만, 어릴 적부터 아버지가 너무 무서웠어요. 한번은 제가 슈퍼마켓에 갔다가 무슨 실수를 저질러서 주인에게 야단맞은 일이 있었어요. 별 생각 없이 집에서 그 얘기를 했는데 아버지가 엄청 화를 냈어요. 급기야 저를 앞세우고 슈퍼마켓에 가서는 주인을 사정없이 때렸습니다. '저러다 저 아저씨가 죽으면 어떡하나' 공포를 느꼈어요. 그 후부터였던 거 같아요. 아버지가 공포의 대상이 된 건.

K박사　그런 큰일이 있었군요. 그런데 아버지는 페기 씨를 사랑

하진 않았나요?

페기   사랑하셨어요, 너무 사랑하셨죠. 그런데 무서웠어요. 전
늘 아버지가 못마땅했어요. 옳지 않은 일을 하는 분이었으니까
요. 그럼에도 불구하고 아버지에게 함부로 한다고 야단도 많이
맞았어요 제 성격이 나빠서 그런 건 아니에요. 다만, 아버지에
게 친절할 수 없었을 뿐이죠. 어릴 적 슈퍼 아저씨 생각만 하
면, 지금도 덜덜 떨릴 정도예요.

K박사   아직도 어릴 적 공포를 잊지 못할 정도라니, 아버지가
이웃을 때린 그 사건이 잊히지 않고 트라우마가 된 듯합니다.
트라우마는 감당하기 힘든 감정적 고통을 동반하는 사건에 생
기죠. 페기 씨와 같이 폭력에 노출되었다든지, 또는 극심한 가
난이나 질병처럼 어린 나이에 자신이 어찌할 수 없는 사건을
겪으면 트라우마로 남기 쉽습니다.

페기   그래서인지 TV나 영화에서 폭력적인 장면을 보면 극도
로 불안해져요. 두려움과 공포가 엄습해요. 남들은 제 속도 모
르고 '뭐 그 정도 가지고 그러느냐'며 의아해하지만, 아마 말해

도 이해 못 할 거예요. 전 마치 TV 속 잔인한 장면의 희생자가 된 것만 같거든요. 가해자에 대한 미움과 분노가 상상 이상으로 솟구칩니다.

K박사 트라우마 때문에 생기는 병이 있습니다. PTSD, 즉 외상후스트레스장애Post-traumatic stress disorder인데요. 전에 겪었던 것과 비슷한 상황에 부딪히면 두려움 때문에 피하게 되는 거죠. 자꾸 그때의 기억이 되살아나거나 악몽을 꾸기도 하고요. '자라 보고 놀란 가슴 솥뚜껑 보고 놀란다'고, 나와 상관없더라도 비슷한 상황에 맞닥뜨리면 덜덜 떨리기도 합니다. 그 원인 중 하나가 기억의 문제인데요.

폐기 기억이 원인일 수 있다고요? 어릴 적 슈퍼 아저씨 사건이 지금의 예민함과 관계있다는 뜻인가요?

K박사 네, 맞습니다. 우리 기억은 뇌에 저장될 때 정리 과정을 거칩니다. 쓸데없는 기억은 기억 창고의 안쪽에 놓이게 되지요. 당장 필요가 없으니까요. 그리고 집 현관문 비밀번호와 같이 자주 필요한 기억은 쉽게 꺼내볼 수 있게 기억 창고의 앞쪽

가까이에 놓이게 됩니다. 그런데 해결하지 못한 힘든 감정이 얽혀 있는 기억은 아예 기억 창고에 들어가질 못해요. 문밖에서 서성대다가 유사한 상황이 발생하면 그때의 고통을 다시 소환하죠.

페기 그래서 제가 유난히도 폭력적이거나 그와 유사한 상황에 예민해지는군요. 이런 마음 상태가 해결되지 않고 오래 지속되면 혹시 성격까지 변할 수도 있나요?

자기 감정에

솔직하지 못한 상태

———

K박사 불행히도 그렇답니다. 페기 씨 성격은 어떤가요?

페기 저요? 그냥 무난해요. 아니, 지나치게 무난하죠. 인간관계를 맺으면서 문제가 생길까 봐 많이 참고 피하는 편이에요. 다른 사람의 부탁도 잘 거절하지 못하고요. 가능하면 '좋은 게 좋은 거다' 주의예요.

K박사 거절을 못한다…. 다른 사람들은 폐기 씨를 마음 넓은 사람이라고 생각하겠군요. 어떤 부탁을 해도 다 들어주니까요.

폐기 네. 솔직히 말하면 '동네북'인 셈이지요. 회사에서 무슨 일이 생기거나 자기들이 하기 싫은 일이 생기면 제게 던져요. 바로 거절하고 욕이라도 해주고 싶지만, 그렇게 되면 저는 더 외톨이가 되겠죠. 차라리 동네북이 나아요. 왕따보다는요. 아마 제 자존감이 엉망이라 그럴 거예요. 혹시 이것도 아버지와의 문제에서 비롯되었다고 할 수 있나요?

K박사 그렇다고 할 수 있어요. 직접 폭력을 당하지 않았더라도, 그런 장면에 자꾸 노출되면 커가면서 성격적으로 주눅 들기 쉽죠. 위험한 상황에서도 스스로를 방어할 수 없고, 사람들 앞에서 자신의 진면목을 표현할 수도 없어요. 물론 반대인 경우도 있어요. 아주 공격적인 사람이 되는 거죠.

폐기 공격적인 사람이 되지 않은 게 그나마 다행이려나요.

K박사 그런데 폐기 씨, 힘들 때 마음 터놓고 이야기할 사람은

있나요?

페기 엄마나 자매들이 있지만, 그들에게 못 할 이야기도 있잖아요. 어릴 적에 몇몇 친구들에게 마음속 이야기를 한 적이 있는데, 속이 편치 않았어요. 오히려 괜한 얘기를 했다는 후회만 남더라고요.

K박사 사랑하는 사람은요?

페기 글쎄요. 있었겠죠. 잘 모르겠어요. 제가 꼭 어린아이 같죠? 누군가 나를 사랑하면, 오히려 부담이 돼요. 갑자기 등을 돌려버릴까 봐서요. 그래서 가까이 오면 멀리 도망치죠. 그러다가 한 남자를 만났어요. 정말 다정했죠. 저를 절대 아프게 하지 않을 사람이었어요. 그런데 이 사람이 갑자기 저를 떠났어요. 무슨 일인지 잘은 모르지만, 너무나 단호한 말투로 헤어지자고 하더라고요. 세상이 무너져버렸죠. 매달리고 빌어도 봤지만 소용없었어요. 그때는 정말이지 죽고 싶었습니다. 어렵게 그 고통에서 헤어나온 후로는 절대 사랑에 빠지지 않아요.

K박사 아마도 심각한 우울증을 앓았을 거예요. 그 후 마음의 문이 더 단단히 닫혔겠군요.

문제의 원인이 어디에 있든,
해결은 자신만이 할 수 있어

페기 지금까지 이렇게 힘들게 살면서 어렴풋이 내 모든 문제가 아버지와 관련이 있을 것 같다는 생각이 들었어요. 한편으로는 마치 모든 내 불행의 근원이 아버지 때문이라고 핑계를 대고 사는 것은 아닌가 싶기도 하고요.

K박사 아버지 때문일 가능성이 높다는 데 동의합니다. 하지만 이 문제를 해결할 사람이 아버지는 아니지요. 당한 사람 입장에서 너무 억울하고 힘들겠지만, 결국 고통을 극복해야 할 사람은 자신이에요. 만약 페기 씨가 미성년자라면 다음 상담에는 부모님이 오셔야 할 거예요. 부모가 빨리 그 잘못을 알고 개선해야 자녀에게 더 이상 나쁜 영향을 안 줄 테니까요. 하지만 성인은 스스로 해결해나가야 해요.

페기 저도 알아요. 그런데 어떻게요? 어떻게 해야 남들과 마주할 때 두렵지 않죠? 어떻게 해야 누군가 제게 화를 내도 떨지 않고 서 있을 수 있죠? 어떻게 해야 내게 시킨 일이 부당하면 안 하겠다고 맞설 수 있죠? 도저히 할 수 없어요. 전 구제불능이라고요.

K박사 그렇게 자책하지 마세요. 페기 씨의 잘못이 아니잖아요. 지금의 고통에서 벗어나려면, 과거의 자신을 있는 그대로 보고 받아들여 주세요. 아버지를 미워한 것이 죄는 아니에요. 폭력이 두려웠을 뿐이지요. 가족이니 참는 것이 정당하고 현명하다? 틀린 말이에요. 오히려 아버지니까 더 힘들 수밖에 없는 일이지요. 당연한 일이에요.

페기 저를 받아들이고 나면, 그다음에는 어떻게 하죠?

K박사 자신의 행동과 감정과 생각이 왜 그렇게 움직이는지 알아봐야죠. 지속적으로 심리 상담을 받길 권해요. 어릴 적 트라우마는 쉽게 극복하기 어렵거든요. 완전히 사라지지 않는 경우가 대부분이에요. 그래서 상담의 목적은 완벽한 해방이 아닌

'극복'이랍니다. 두려움이 전혀 없는 상태가 아니라, 잘 이겨내고 평안한 삶을 누리는 것이 목표죠. 그러고 나서 다음 단계로 넘어가야 해요. 만약 자신의 상태를 정확히 잘 알지 못하고 섣불리 다음 단계로 넘어간다면, 그것은 마치 덜 마른 페인트를 손으로 만지는 것과 같아요. 자국이 남고, 어떤 경우에는 페인트칠을 하기 전보다 못하게 되니까요. 페기 씨는 벌써 눈치를 챘을 거예요. 다음 단계가 무엇인지 말이에요.

페기   혹시…. 용서인가요?

K박사   맞아요. 전에도 시도해본 적이 있죠?

페기   물론이죠. 아주 여러 번 아버지를 용서하고 이해해보려고 애썼어요. '먹고살기 위해서 그랬다, 원래 성격이 그럴 뿐이다, 거칠긴 하지만 나를 정말 사랑하셨으니 용서하자'라고요. 그런데 도저히 안 되더라고요.

K박사   페기 씨만 용서가 힘든 것이 아니에요. 모두에게 정말 어려운 일이지요. 하지만 아주 방법이 없는 것은 아닙니다. 캐

나다의 심리학자 토머스 플란트 박사가 용서에 필요한 7가지 법칙을 이야기했는데, 많은 도움이 될 거예요. 첫 번째, 용서는 망각만을 의미하는 것이 아니에요. 폭력이라는 잘못된 행동이 잊힐까 걱정할 필요는 없어요. 두 번째, 용서는 피해자의 아픔을 축소시키는 것이 아니에요. 용서를 한다고 페기 씨의 아픔이 대수롭지 않게 취급되지는 않을 겁니다. 세 번째, 용서는 바보나 하는 짓으로 여기는 경우가 있는데, 절대 약하거나 무력해서 용서하는 것이 아니에요. 오히려 강하고 현명한 사람들의 선택이죠. 네 번째, 용서에 가해자의 사죄나 화해가 반드시 선행되어야만 하는 것은 아니에요. 불행하게도 사죄나 보상을 받지 못할 수도 있지만, 용서는 나 자신을 위한 것이기 때문이죠.

상대방의 사과에
집착하지 말라

페기   아, 그동안 저는 아버지가 용서를 빌면 모든 게 해결될 거라 생각했어요. 그런데 아무리 봐도 아버지가 누군가에게, 특히 가족에게 사과할 사람은 절대 아니었죠. 용서는 나를 위한 거란 말씀을 들으니, 아버지의 태도 변화가 중요하긴 하지만 반드시 제 용서가 필요한 것은 아닌 것 같네요.

K박사 네, 그렇습니다. 용서와 관련한 법칙을 계속 말씀드리자면, 다섯 번째로 용서는 '과정'이라는 점입니다. 비록 지금 어렵더라도 너무 걱정할 필요는 없습니다. 시간이 흐르면 더 큰 용서를 할 수 있게 되거든요. 여섯 번째, 용서는 바로 당신의 건강과 안녕을 위한 것이라는 사실을 잊지 말아야 한다는 겁니다. 마지막으로 용서의 비법은 바로 분노를 놓아주는 것입니다. 렛 잇 고Let it go! 분노를 보내버리세요. 이제 페기 씨의 선택에 달려 있어요. 분노에 사로잡혀 있을지, 아니면 용서할지 말입니다.

페기 제 선택에 달려 있단 말씀이시죠?

K박사 네, 행복하게 살려면 어떤 것을 선택해야 할까요?

미워하고 아파할
시간이 필요해

**"나 때문이 아니라는 건 아는데, 그럼에도 제가 한없이 초라해져요.
나란 것은 존재하지 않았어야 하는 게 아닌가 하는 절망감도 들고요."**

고산시 가정사랑병원 부원장으로 바쁜 엄마는 다소 엄했다. 반면 영화 제작을 준비하느라 여유 있던 아빠는 다정다감했다. 중산층 가정의 사랑받는 외동아들로 남부러울 것 없던 준영은 사춘기를 지나던 어느 날 부모의 불화와 이혼을 접하고 혼란에 빠졌다. 온 동네를 떠들썩하게 했던 아버지의 외도와 부모의 이혼은 여린 감성의 준영에게 감당할 수 없는 상처가 됐다. 어른에게 기대고 싶어도 엄마는 너무 불안정하고, 아빠는 곁에 없다.

내담자 | 이준영(男), 학생 (드라마 〈부부의 세계〉 지선우·이태오의 아들)

이준영 (한동안 계속되는 침묵)

K박사 불안해보이는데, 무슨 문제가 있나요? 아니면 어디가 안
좋아요?

이준영 그냥 화가 나고 힘이 들어서요…. 게다가 저조차도 이해
할 수 없는 행동을 해요. 너무 혼란스러워서 미칠 것 같아요.

K박사 많이 힘들군요. 그런데 준영 군, 저는 마음이 힘든 사람
들을 치유하는 공부와 훈련을 한 사람이고, 준영 군도 그런 도
움이 필요해서 왔을 겁니다. 하지만 이렇게 이야기해주지 않으
면 도움을 주는 데 한계가 있을 수밖에 없답니다.

이준영 네…. 저를 나쁜 아이로 보실지도 몰라요. 반 친구들 학
용품이나 물건을 훔쳤거든요. 딱히 저에게 필요한 것도, 갖고
싶은 것도 아니었어요. 뭐 그걸 살 돈이 없는 것도 아니고요.
안 그러려고 해도 통제가 안 돼요. 나쁜 짓인 줄 알지만 어쩔
수가 없어요. 그런데 박사님, 저 같은 청소년은 혼자 상담받지
못하나요? 오늘 부모님을 못 모시고 왔거든요.

K박사 혼자 온 거예요? 준영 군이 의아해할 수 있지만, 보호자와 함께가 아니라면 미성년자는 상담을 받을 수 없어요. 법이 그렇게 되어 있거든요. 하지만 어렵게 시간을 내서 왔으니, 오늘은 준영 군 이야기를 들어보는 걸로 할게요. 대신 준영 군이 허락한다면, 상담이 끝나고 보호자와 전화 통화를 했으면 해요. 그리고 다음부터는 잊지 말고 보호자와 같이 오세요.

이준영 만약 보호자가 못 올 사정이라면요?

K박사 대체 어떤 사정이 있을까요?

이준영 부모님이 이혼하셨거든요. 어느 날 갑자기 사이가 나빠지더니, 매일같이 싸우셨어요. 그러니 저 따위가 얼마나 힘든지 관심조차 있겠어요? 그런 사람들이 서를 위해 병원에 같이 와줄까요?

K박사 아, 큰일을 겪었군요.

이준영 사실 처음에는 담담했어요. 쉬쉬해서 그렇지, 알고 보면 부모님이 이혼하고 한 부모와 같이 사는 친구들이 적지 않거든요. 그래서 저도 아무렇지 않을 줄 알았어요. 근데 막상 두 분이 헤어지기로 하고, 제가 누구와 살 것인지 결정해야 하는 순간이 오니까 정말이지 숨이 막히더라고요.

K박사 혹시 부모님이 왜 헤어졌는지 이야기해줄 수 있겠어요? 어렵다면, 다음 시간에 보호자에게 들어보도록 할게요.

이준영 음…. 제가 도움을 받으려면, 박사님 말씀대로 숨김없이 털어놔야겠죠? 아빠에게 다른 여자가 생겼어요. 엄마가 그 사실을 알게 되었고요. 누가 봐도 아빠는 나쁜 사람이고, 엄마는 피해자예요. 근데 솔직히 말하면, 제 마음은 좀 달랐어요. 제 입장에서 보면…. 엄마가 들으면 마음 아프겠지만 아빠가 제게 나쁜 짓을 한 건 아니거든요. 솔직히 엄마와는 그리 친하지 않아요. 아, 네, 엄마는 훌륭한 분이세요. 뛰어난 의사 선생님이니까요.

K박사 준영 군이 어떤 마음일지 상상이 가네요. 저도 의사지만, 의사라는 직업이 자칫 가족들의 희생을 담보로 하는 경우

가 적지 않아요. 물론 다른 직업도 마찬가지겠지만, 지나치게 바깥일에 몰두하다 보면 자녀들에게 소홀할 수도 있어요. 좋은 의사가 좋은 부모가 아닐 수도 있을 겁니다.

이준영 네, 알아요. 요즘처럼 코로나로부터 국민을 지켜주는 일도 하셔야 하고, 가족들 먹여 살리려면 힘드시겠죠. 근데요, 저에게 필요한 것은 따로 있어요. 저도 사춘기인데, 엄마는 한 번도 제 이야기를 진지하게 들어준 적이 없어요. 물론 겉보기에는 아무 문제 없는, 그런 엄마와 아들 사이였어요. 적어도 이번 일이 있기 전까지는요. 학원 보내주고, 밥 챙겨주고, 용돈 주고…. 근데 다른 부모들도 다 그렇게는 하잖아요. 아니 부모가 아니어도 그 정도는 할 수 있지 않을까요? 그렇지만 아빠는 달랐어요. 저랑 잘 놀아주셨죠. 제 이야기에, 생각에, 감정에 귀 기울여주셨어요. 그런데 하필 왜 아빠가 그런 짓을 하셨는지! 저는 상상도 못했어요. 최소한 아빠는 세상에서 나를 제일 사랑하는 사람인 줄 알았으니까요.

K박사 많이 혼란스럽겠어요. 아까 아빠가 준영 군에게 나쁜 짓한 것은 아니라고 했는데, 결국은 준영 군을 힘들게 한 건 사실

이잖아요. 그런데도 준영 군은 아빠에게로 마음이 가나 봐요?

이준영 정말 미칠 지경이에요. 하루에도 마음이 몇십 번씩 변해요. 엄마와 아빠 중 누가 나쁜 사람일까, 누구와 함께 사는 것이 좋을까. 제가 아직 어리지만, 아무것도 모르는 어린아이는 아니라고요. 처음에는 엄마와 사는 게 편할 수 있겠다 생각했어요. 경제적으로 여유 있기 때문이기도 하고요. 또 제가 불륜을 저지른 아빠를 따라간다고 하면 주변 사람들이 어떻게 볼까 걱정도 됐거든요. 그래서 엄마와 살기로 했어요. 쉬운 선택도 아니었고, 선택 후의 삶이 편안하지만도 않았어요. 그러던 어느 날 아빠가 나타난 거예요.

K박사 아버지는 어떤 모습으로 돌아오셨나요?

이준영 많이 달라졌어요. 아빠는 수년간 영화를 만들겠다며 준비만 하고 있었는데, 드디어 그걸 이룬 모습이었어요. 옷차림과 눈빛을 보니 성공한 티가 나더라고요. 그런데 화가 났어요. 아빠를 빼앗겼다는 생각이 그때 처음 들더라고요. 재혼을 하셨거든요. 알아요. 뭐 그럴 수 있죠. 그러려고 엄마랑 헤어진 거니까. 근데 아이까지 낳았더라고요. 너무 화가 났어요. 어떻게 저 말고 다른 자식을 낳을 수 있죠? 그런데 더 말이 안 되는 건 자꾸 아빠가 보고 싶다는 거예요. 아무리 참으려고 해도 말이에요. 다시 만난 아빠는 한결같이 따뜻했거든요.

K박사 우선은 복잡한 마음을 가라앉히는 게 제일 중요하겠어요. 준영 군이 학교에서 벌인 행동은 혼란스러운 심리 상태에서 생기는 일탈 행동 같습니다. 좀 더 상담을 하면 좋아질 수 있으니 너무 걱정은 말아요.

이준영 아, 정말 다행이에요. 저는 제가 미치는 줄 알았어요. 무서웠고요.

K박사 지금은 잘 이해 못 할 수도 있고, 그런 것이 당연해요. 어쩌면 이해하지 못하는 것이 더 도움이 될 수 있습니다. 부모님이 결혼할 때도 그분들의 선택이었듯이, 헤어지는 것 또한 그분들이 선택한 거예요. 아무리 사랑했던 사이라도, 살다 보면 관계를 끝내는 것이 반드시 필요한 경우가 있거든요. 준영 군을 미워하거나, 안중에도 없거나, 소중하지 않은 것은 아니랍

니다. 억지소리 같이 들릴 수도 있겠지만, 예전처럼 매일같이 싸우는 부모와 사느니, 한 부모라도 안정적인 환경을 제공할 수 있는 분과 같이 사는 편이 더 건강해질 수도 있습니다.

이준영 머리로는 이해하는데 가슴은 힘들어요. 나 때문에 헤어진 게 아니라는 건 아는데, 한없이 초라해져요. 나란 것은 존재하지 않았어야 하는 것이 아닌가 하는 절망감도 들고요. 이럴거면 뭐 하러 저를 태어나게 했을까요? 이렇게 버릴 거면서 말이죠. 정말 두 사람을 용서할 수가 없어요.

무의식적으로 이뤄지는
일탈 행위와 심리 불안

K박사 당연한 감정이에요. 버림받았다는 감정이 오래가지 않으면 좋겠지만, 마음대로 되지 않는답니다. 안타깝게도 평생 준영 군의 가슴속 깊이 남을 수도 있겠죠. 그래서 지금은 오히려 미움의 감정이 도움이 될 수도 있어요. 이해하기에는 너무 가슴 아픈 사실이기에, 차라리 모른 척 미워하는 것이 나은 거

죠. 충분히 미워할 시간이 필요합니다. 물론 그 미움 때문에 성장의 과정에서 여러 가지 어려움을 겪을 수도 있어요.

이준영 짐작이 가요. 저는 죽어도 결혼 같은 거 안 할 거예요. 당연히 자식도 만들지 않을 거고요.

K박사 네, 그런 선택 역시 준영 군 몫이에요. 좀 더 시간을 갖고 고민해볼 문제예요. 부모가 아픔을 주었다고, 그 아픔 때문에 내 인생을 왜곡할 이유는 없어요. 신중하게 생각해보다가, 성인이 되어서 그런 선택이 옳다는 믿음이 들면, 그때 가서 비혼이든 결혼이든 선택하면 어떨까요?

이준영 부모가 겪었던 비극의 그림자에 깔려 있지 말라는 말씀이죠? 제 인생은 소중하니까요. 명심할게요. 또 하나 의논 드릴게 있어요. 만약 제가 아빠와 함께 살기로 한다면요. 아까 말씀드렸듯이 그 집에 어린아이가 있거든요. 그 아이와 제가 함께 잘 살 수 있을까요? 비슷한 처지의 친구들 이야기를 들으면 너무 힘들다던데요. 외동인 제가 갑자기 생긴 동생과 잘 지낼 수 있을지 자신이 없어요. 매일같이 싸우면 어떻게 하죠? 그 아이 엄마가 저를 미워하면요?

K박사 우선 준영 군과 비슷한 고민을 안고 있는 친구들이 적지 않다는 말을 해주고 싶네요. 요즘은 이혼하는 가정이 과거보다 많이 늘었잖아요. 그렇다 보니 전에는 생각지 못했던 상황이 나타나요. 그중에 하나가 '재구성 가족'의 등장이죠. 갑자기 동생이 생기기도 하고, 맏이였던 아이에게 형이나 언니가 생기기도 하고요. 그렇게 가족의 구조가 바뀌는 것 자체도 힘든 일인데, 새롭게 생긴 형제자매 관계가 쉽게 원만해지지 않는다는 게 참 안타깝죠. 부모님들이 준비시켜 주시겠지만, 준영 군도 마음의 준비가 필요해요.

섣불리 관계를
정립하는 것은 금물

이준영 어떤 준비요? 어떻게 해야 동생을, 아니 그 아이를 제가 받아들일 수 있을까요?

K박사 새로운 형제 관계를 준영 군이 정말 원하느냐가 제일 중요해요. 물론 시간이 필요하겠지만, 스스로가 새로운 관계를 맺길 원하는지 아닌지를 알아야 한다는 겁니다. 아직 부모님 이혼의 상처가 가라앉지 않았다면, 조금 기다리길 권해요. 완전히 아물 수는 없겠지만, 혹시 생길지 모를 새로운 관계에서의 갈등을 참을 수 있을 정도는 되어야 해요. 만약 준비가 안 되었다면, 부모님에게 알리고 좀 더 기다려보세요. 섣불리 관계를 정립하려다가 세상 원수가 되기도 하거든요. 물론 준비만 잘한다면 친형제보다 가까워질 수도 있지요.

이준영 서두르면 안 되겠네요. 또 뭐가 필요하죠?

K박사 형제자매가 될 당사자들은 친구를 사귀듯 천천히 다가서면 돼요. 부모의 이별로 인해 치유하기 힘든 상처를 받았다는 공통점이 있으니, 어쩌면 더 쉽게 '절친'이 될 수도 있죠. 하지만 자신에게 상처를 준 가해자로 여긴다면, 그만큼 극복하기 힘든 일도 없을 겁니다. 제일 중요한 것은 부모들의 준비와 태도예요. 상처받은 아이들을 위한답시고 편애해서는 절대 안 됩니다. 부모로서 스스로의 감정을 잘 통제할 수 있어야 합니다.

그러기 위해서는 아이들을 어른스럽게 대해주는 것도 도움이 돼요. 상처를 받을수록 아이들은 부쩍 자라나니까요.

이준영 쉽지 않겠네요. 이미 아빠 엄마도 사람 때문에 상처가 많은데, 아이들까지 잘 챙길 수 있을까요? 저, 더는 상처받고 싶지 않아요.

K박사 어쩌죠, 준영 군. 또 상처를 받을 수도 있어요. 상처를 주고 싶지 않아도, 또 받고 싶지 않아도 말이죠. 누구도 의도하지 않지만, 그럼에도 불구하고 이런 것이 삶의 일부랍니다. 중요한 것은 삶은 스스로 선택하고 만들어가는 것이라는 사실이에요. 양육과 성장은 부모의 절대적인 지배를 벗어날 수 없으니, 우리 삶의 기초는 어쩔 수 없이 그분들의 영향 안에 있을 수밖에 없어요. 그렇지만 성인이 되면 달라져야죠. 완전히 벗어날 수 없더라도, 독립된 성인으로서 성장하기 위해 끊임없이 노력해야 해요. 인생은 완성되는 것이 아니에요. 인생의 본래 모습은 노력하는 과정에 있답니다. 같이 노력해요. 부모님도 함께요.

불완전한 마음,
그 마음들의 교류가 바로 삶

"차라리 엄마가 화를 냈으면 좋겠어요.
너무 이성적이니까 감정이 느껴지지 않아요.
'잘했다'는 칭찬도 좋지만
'얼마나 힘드니? 속상하겠구나'라는 감정적 위로가 필요해요."

인류 멸종 이후 6만 3,000개의 인간 배아를 보유한 '인류재건시설'에서 태어난 유일한 인간인 딸은 로봇 마더(엄마)의 극진한 보살핌을 받으며 성장했다. 문밖은 전염병이 창궐하는 세상이라 평생 거리생활을 해온 딸은 영상으로 발레를 배우고, 〈투나잇 쇼〉로 유머를 익혔다. 가장 완벽한 엄마인 줄 알았던 마더가 틀렸을 수도 있다는 의구심이 고개를 들던 그 날 이후, 모녀 사이에 미묘한 기류가 흐르기 시작했다.

내담자 | 도우터(女) (영화 〈나의 마더〉의 딸)

도우터 너무 답답해서 왔어요. 하루 종일 집에만, 그것도 엄마와 단 둘만 있으려니 정신이 나갈 지경이에요. 그러면 안 되는데 자꾸 엄마에게 짜증을 내게 되네요. 이런 말 이해하실지 모르겠지만, 비뚤어지고 싶다는 게 제 현재 심정이에요.

K박사 코로나19로 전 세계인이 힘든 상황이지요. 집에 있는 시간이 갑자기 늘어나서 가족 사이에 갈등이 생기는 경우가 많아 안 그래도 걱정이었습니다. SNS에 이런 우스갯소리가 돈다는군요. 거의 한 학기를 엄마와 집에서 보낸 초등학생이 '코로나가 무서운 이유는 엄마를 괴물로 변하게 해서'라고 했다고.

도우터 저희 모녀는 다소 상황이 다르긴 해요. 격리생활을 하는 상황은 비슷하다고 할 수 있지만, 그 시간이 너무 길어요. 제게는 이번이 평생 몇 안 되는 외출이거든요. 어릴 적부터 엄마 이외에는 다른 사람과 놀아본 적도 없고, 이야기를 나눈 적도, 뭔가를 함께한 적도 거의 없어요. 심지어 공부도 엄마에게서 배웠으니까요.

K박사 어떤 이유 때문인지는 모르겠지만, 정말 드문 경우네요. 엄마는 어떤 분이세요?

도우터 엄마는…. 보통 사람과 아주 달라요. 어떻게 보면 가장 이상적인 엄마라고도 할 수 있어요. 절대 틀린 말씀은 하지 않으세요. 이성적으로는 거의 완벽하죠. 게다가 척척박사예요. 제 교육을 전적으로 담당하신다고 말씀드렸듯이, 세상의 모든 지식을 갖고 계세요. 윤리적으로나 논리적으로나 말이에요. 아주 꼼꼼하기도 하고, 또 자상하기도 해요.

K박사 빈틈없는 분이시군요. 혹시 그런 면이 무섭지는 않나요?

도우터 믿기 어려우시겠지만, 서희 임마는 절대 화를 내지 않아요. 무섭게 소리를 지르거나, 체벌을 가한 적이 없어요. 그렇지만 거역할 수 없는 힘이 있어요. 부드럽지만 권위적이라고 해야 할까요. 그래서인지 엄마 말을 어겨본 적이 거의 없어요. 보통은 이견이 생기면 모녀지간이라도 감정이 상하잖아요. 그러면 싸움이 되기도 하고요. 하지만 기계처럼 차가운 이성의 소유자인 엄마는 절대 싸우는 법이 없어요.

K박사 어떤 면에서는 완벽한 엄마상이네요.

도우터 모르는 소리 마세요. 오히려 답답하고 미치겠다고요. 차라리 엄마가 옳지 않거나 화를 냈으면 좋겠어요. 너무 이성적이니까 감정이 느껴지지 않는단 말이에요. 로봇이랑 사는 마음이 이런 것이구나 싶어요. "잘했다, 완벽하다, 100점이네!"라는 칭찬도 좋지만 "얼마나 힘드니? 엄마도 마음이 아프다. 속이 많이 상하고 화가 나겠구나"라는 감정적 위로가 필요하다고요.

마음의 교류 없으면
자기만의 세계에 빠질 수 있어

K박사 감정이 없는 엄마. 게다가 어떤 상황에서도 완벽히 이성

적이라면 숨 쉴 틈이 없겠군요. 충분히 이해해요. 세상이 아름답고 따뜻하게 느껴지는 이유는 역설적이게도, 완벽하지 않아서죠. 잘 아시겠지만 감정은 완벽하지 않아요. 의도와 다르게 다른 사람에게 상처를 입힐 수 있으니까요. 하지만 감정 덕분에 우리는 서로 활발히 소통할 수 있습니다. 무엇보다도 '공감'이라는 세상 제일의 마음 치료제도 감성의 큰 힘이죠. 그런데 엄마는 본인이 감정과 공감이 결여돼 있다는 걸 알고 계실까요?

도우터 네, 엄마를 미워할 수 없는 이유 중 하나예요. 그래서 나름 노력을 하시는 걸까요? 요즘은 여느 엄마들이 할 법한 농담을 하시기도 해요. 물론 어색하고 썰렁하긴 하지만요. 하지만 어쩔 수 없는 한계라는 게 있잖아요. 역시 저희 엄마가 감정을 느끼고 표현하기는 참 어려운 거 같아요. 가끔 저도 엄마처럼 감정을 못 느끼고 표현도 못 하는 사람이 되지는 않을까 하는 걱정이 들어요.

K박사 어릴 적 엄마에게 사랑은 많이 받았나요?

도우터 '애착 형성'에 관해 궁금하시군요.

K박사 아, 엄마가 이렇게 반응하시겠군요. 도우터 씨가 제게 한 반응처럼요. 아마 엄마는 딸이 어떤 의문을 갖게 되면, 바로 해결책을 제시하려 했을 것 같네요.

도우터 네, 맞아요. 제가 문제와 맞닥뜨리면, 엄마는 늘 해결책을 주세요. 방법은 여러 가지예요. 학습을 통하거나, 대화로 문제를 해결해주려고 하세요. 아무튼 제 애착 형성을 궁금해하신다는 제 생각이 틀린 게 아니라면…. 사랑을 많이 받았죠. 그런데 곰곰이 생각해보니 조금 혼란스럽네요. 틀림없이 기억 속의 엄마는 항상 저와 함께했어요. 늘 제 편이었고, 원하는 것은 대부분 들어주셨어요. 매일 밤 자장가를 들려주는 엄마의 품은 포근했어요. 그런데 촉감 같은 느낌은 별로 남아 있지 않네요. 기억 속 장면은 따뜻한 오렌지색인데, 그걸 느낄 수 없다고 해야 할까요.

K박사 그럴 수 있어요. 아마 스킨십이 부족해서일 수 있습니다. 애착 형성의 중요한 과정이 스킨십이거든요. 영국의 정신

과 의사 볼비John Bowlby가 말한 '애착이론'이란 게 있어요. 양육 과정에서 부모와의 관계 속에 생기는 애착이 우리의 삶에 미치는 영향에 관한 것인데요. 어릴 적 안정적인 애착 관계를 형성해야만 아이가 정서적인 부분은 물론 인생 전반에 걸쳐 안정적이고 건강하게 자랄 수 있다는 이론이죠.

도우터 네, 엄마에게서 배웠어요. 근데 그게 스킨십과 무슨 연관이 있죠?

K박사 볼비의 애착이론을 지지하는 또 다른 연구가 하나 있어요. 심리학자 해리 할로Harry F Halrow는 어린 원숭이를 엄마와 격리시킨 뒤 '원숭이 대리모'에게 어떤 반응을 보이는지를 연구해서 '사랑의 본질The nature of love'이라는 논문을 썼어요. 내용이 뭐냐면요. 온몸을 철사로 감싸고 우유병을 든 가짜 원숭이와, 우유병은 없지만 부드럽고 따뜻한 헝겊으로 몸을 감싼 가짜 원숭이를 우리에 넣었습니다. 어린 원숭이는 어떤 반응을 보였을까요? 허기를 채우느라 철사 대리모의 품에 매달린 짧은 시간을 제외하고는 대부분의 시간을 헝겊 대리모의 품에서 보냈습니다. 스킨십이 정서적 안정에 얼마나 중요한지 알 수 있는 연

구였죠.

도우터 엄마가 그 논문도 보셨나봐요. 어릴 적 엄마가 저를 안아줄 때 부드럽고 따뜻한 촉감을 느낄 수 있도록 온열장치 같은 걸 썼거든요. 제가 정서적으로 안정되길 바라셨겠지요.

K박사 엄마와 고립된 생활을 하신다면, 사회적 활동은 어떻게 배워가고 있죠? 특히 타인과의 관계 같은 부분은요?

도우터 엄마 이외에 다른 사람과 접촉하진 못하지만, 나름대로 방법은 있었어요. TV 프로그램이나 영화를 보는 거죠.

K박사 그런 방법이 있었군요. 요즘 한국 어린이들의 인기 직종이 '유튜버'라고 해요. 동영상 콘텐츠의 가치가 높아졌거든요. 요즘은 지식을 배울 때도 책보다 동영상의 활용도가 더 높아 보입니다. 그런데 정말 그럴까요? 책은 글자라는 기호를 통해서 인간의 대뇌 활동을 활발하게 만들어요. 이를 통해 복잡한 인간의 감정이나 대화 속에 숨겨진 의미 등 타인과의 관계에서 발생할 법한 많은 것들을 배울 수 있지요. 그에 반해 영상은 어

떨까요? 인간의 시청각을 지배해버리는, 그러니까 당연히 재미있는 동영상들은 '직접적으로' 정보를 전달하니까 상대적으로 대뇌 활동이 줄어들 수밖에 없어요. 동영상 시청이 증가할수록 인간은 자극 지향적으로 되겠지요.

도우터 스마트폰이나 태블릿으로 책을 많이 본다고들 하는데, 실제로 전자기기를 이용해 독서를 한 사람들은 읽은 책의 권수는 더 많았지만, 완독한 경우는 훨씬 적었다는 기록을 본 것 같아요. 정보량이 많아서 좋은 면도 있지만, 그렇다 보니 깊이가 얕아진다는 단점도 있고요.

K박사 사람과 직접 만나지 않고 영상물을 통해 타인과의 관계를 배울 경우에 생길 수 있는 또 다른 염려가 있어요. 보통의 대화에서는 상호 교류가 일어나잖아요. 예컨대 내 언행이나 미묘한 감정의 변화에 따라 상대의 반응이 달라지죠. 하지만 동영상은 그런 상호 교류를 할 수 없나 보니 소통에 장애가 생기게 마련입니다. 타인과 소통이 어려워지면, 자기만의 세계에 빠져 살 가능성이 높습니다. 요즘 부모님들이 아이를 달래기 위해 너무 어린 나이부터 동영상물을 보여주곤 하는데, 절대

지나치면 안 되는 이유입니다.

생의 중요한 목적 중 하나는 '자유'
그리고 자유를 감당할 책임은 필수

도우터 또 하나 문제가 있어요. 엄마에게 고마운 마음이 드는 한편으로 자꾸 제가 엄마의 계획대로만 움직이는 로봇이 된 것 같은 기분이 들어요. 엄마는 제가 최고가 되길 바라세요. 그래야 앞으로 '큰일'을 할 수 있다고 무언의 압력을 주시죠. 정작 제가 어떤 삶을 살고 싶은지는 한 번도 물어본 적이 없으세요. 제아무리 윤리적으로, 이성적으로, 그리고 기능적으로 다른 생명체보다 뛰어나다 해도, 삶이 자신의 것이 아니면 아무 소용이 없잖아요.

K박사 아무 소용도 없진 않겠지만, 남이 계획해준 대로 사는 것은 껍데기뿐인 삶이라는 생각에는 동의합니다. 생의 가장 중요한 목적 중 하나가 자유라고 하죠. 그 자유를 표현하는 가장 구체적인 주제가 '어떻게 살 것인가'겠죠.

도우터 하지만 박사님, 엄청난 부자거나 엄하고 거역하기 힘든 부모를 만나서 그분들의 계획대로 사는 것이 꼭 나쁘기만 할까요. 양육 환경이 부실해서 목숨에 위협을 받는다거나 또는 무책임한 부모의 방임 속에서 자란다면, 그게 더 나쁜 거 아닌가요? 말이 안 되는 비교이긴 합니다만, 이 모순을 해결할 방법이 없어서 저는 엄마의 계획에 반기를 들 수가 없어요.

K박사 마음이 복잡하죠. 실은 저도 정답은 모릅니다. 다만 자유로운 의지가 있고 합리적인 이유만 있다면, 스스로 선택한 삶을 사는 것이 옳다고 봅니다. 운 좋게도 자신의 선택과 부모의 계획이 일치할 수도 있겠죠. 또 자신의 선택이 아주 엉망인 결과를 낳을 수도 있고요. 하지만 그것을 감당할 수 있는 책임감이 있어야 '내 삶'이라고 부를 수 있지 않을까요? 시간을 두고 좀 더 고민해봅시다. 나는 어떤 삶을 원하는지요.

도우터 네, 그럼 지금 당면한 문제부터 풀어야겠어요. 공감력이 떨어지고 자신의 뜻만 고집하는 엄마와 저는 어떻게 해야 잘 살아갈 수 있을까요?

K박사 가족치료라는 것이 있어요. 엄마를 제가 직접 만난다면 도움을 드릴 수 있겠지만….

도우터 그건 불가능해요.

K박사 네, 이야기를 들어보니 엄마도 모녀 사이 문제를 알고 있을 거라는 확신이 드네요. 우선 공감은 노력을 하면 나아집니다. 물론 공감의 정도는 경우에 따라 다르지만요. 감동을 느낄 수 있는 책이나 영화, 예술품, 자연을 접하는 것이 도움이 됩니다. 그때 느끼는 감정을 엄마와 나눠보세요.

도우터 네, 한번 시도해볼게요.

K박사 그리고 엄마의 태도는 변하지 않을 거라는 사실을 있는 그대로 받아들이세요. 그러면 일단 절망감은 줄어들 겁니다. 보통 관계에서의 절망감은 상대가 변화할 거라는 기대에서 비롯되거든요. 그렇다고 무조건 엄마를 따르라는 말은 아닙니다. 아니라고 생각되거나 이견이 있다면, 표현하세요. 주의할 점은 상황을 잘 파악해야 한다는 점이에요. 감정이 격할 때 하는 표

현은 싸움이 되기 쉬워요. 그럴 땐 격한 감정이 가라앉은 뒤에 본인의 의사를 표현하는 게 좋습니다. 대개 이 정도만 해도 엄마와의 관계가 많이 개선됩니다만….

도우터 그래도 안 바뀐다면요?

K박사 조금만 더 기다리세요. 말장난 같을지 모르겠습니다만, 시간이 더 필요한지도 모릅니다. 그러다 보면 어느 날 때가 올 겁니다. 기다리는 동안 도우터 씨도 하루가 다르게 자랄 거고요. 정서적으로, 경제적으로 성장하다 보면 독립의 시간이 오겠죠. 그렇게 둘만 격리된 생활에서 벗어나면, 엄마와의 갈등은 오히려 애틋한 추억이 될 겁니다.

독립적으로 살아가기 위해
나아가는 과정

"철들기 전부터 가장 노릇한 저,
이젠 제발 집을 떠나 독립하고 싶어요."

생후 열흘도 안 되어 어머니를 잃고 앞을 못 보는 아버지와 단둘이 살았다. 어려서부터 동냥으로 아버지를 봉양하던 심청은 이내 동네의 소문난 일꾼이 되었다. 야무진 심청을 수양딸로 삼고자 하는 귀부인의 제안도 있었으나, 아버지를 홀로 남겨둘 수 없어 거절했다. 그러던 중 아버지의 눈을 뜨게 할 수 있다는 솔깃한 제안을 받는다. 현재의 시각으로 보자면 인신매매보다 더 끔찍한 불법적인 제안임에도, 혼자 힘으로는 도저히 이 현실을 바꿀 수 없다는 답답함에 상담실을 찾았다.

K박사 수심이 가득해보이네요. 무슨 사연인가요?

심청 박사님, 제가 조만간 집을 떠납니다. 앞 못 보는 아버지를 홀로 두고 떠나는 것도 걱정이지만, 제가 더 이상….

K박사 네, 울어도 됩니다. 독립하기엔 아직 이른 나이인데, 집을 떠나야 한다고요?

심청 인당수, 아! 아니에요. 믿기 힘드실 거예요. 물론 모두 말씀드려야 더 좋은 상담을 받을 수 있겠지만…. 다음에 말씀드리면 안 될까요?

K박사 상담을 위해서는 숨김없이, 비밀까지도 이야기해주시면 좋아요. 때로 내담자가 창피하다거나, 상담자가 하찮게 여길 것이라거나, 상담과는 상관없다고 여기는 내용이 중요한 실마리가 될 수 있어요. 하지만 정 힘드시면 다음 상담에서 이야기

해주셔도 됩니다.

심청   감사합니다. 저는 엄마 얼굴을 기억 못 해요. 저를 낳고 돌아가셨거든요. 형제도 없어요. 일가친척이 없어서 도움받을 처지도 못 되죠. 경제적으로 어렵다 보니 다른 아이들이 놀 때 저는 돈을 벌기 위해 안 해본 일이 없어요. 철없이 부모님 원망도 해봤지만, 어쩌겠어요. 일단 살아야 하니까요.

어린 시절 가난은

재난 못지않은 트라우마가 되기도 한다

K박사   많이 힘들었겠네요. 부모님을 원망할 만도 하죠. 어린 나이에 그러기 쉽지 않잖아요. 속상한 것은, 어릴 적 가난은 트라우마로 작용한다는 겁니다. 생사를 오갈 만한 사고나 재난도 트라우마로 작용해 외상후스트레스장애가 되지만, 가난 또한 그에 못지않게 인생에 영향을 줍니다. 안타까운 일이죠. 더구나 어머니가 일찍 돌아가셨다고요? 그런 경험도 혹시 자신이 버려지면 어쩌나 하는 유기불안 등의 심리적으로 부정적인 영

향을 줄 수 있습니다.

심청　유기불안요? 저는 그런 것 없어요. 솔직히 말씀드리면, 전 집을 떠나고 싶어요. 그동안 이런 얘기는 아무에게도 안 했는데요, 아버지가 경제적인 능력만 있었다면 저는 벌써 독립했을 거예요. 차라리 버려지는 것이 더 편하겠다는 바보 같은 생각도 한답니다.

K박사　그럴 수 있어요. 생존의 문제가 해결되지 않으면 불행이든 행복이든 아무 소용없죠. 죽음의 두려움이나 버려지는 것에 대한 두려움이나 극복하기 힘들기는 마찬가지죠.

심청　어린 나이에 집안 걱정하는 아이가 적지 않아요. SNS를 보나 보면 힉 소리가 나올 때가 한두 번이 아니거든요. 사회 초년생이 집안을 전부 책임져야 하는 상황도 안타까운데, 부모의 경제적 무능 때문에 인생을 망치고 있다는 불안에 시달리는 경우도 많아요. 물론 일부러 그러진 않았겠지만, 부모가 진 빚을 어린 자녀가 고스란히 물려받는 경우도 있어요. 가난의 대물림인 셈이죠. 쉽게 끊을 수가 없어요. 절망적이죠.

K박사 이전에는 집을 떠날 생각, 안 해 보셨나요? 아버지께서 학식이 풍부하고 동네에서 존경받는 분이라고 들었거든요. 그럼 주변 분들과 상의해 아버지를 부탁하고, 심청 씨는 독립해서 경제활동을 한다면, 생존에 더 유리하지 않을까요?

심청 그런 생각을 왜 안 해봤겠어요! 박사님 말씀대로 현실을 감안한다면, 아버지를 주변 분들이나 사회복지기관에 의탁하고 저는 열심히 돈을 벌면 모두에게 이로울 수 있다는 생각은 해요. 하지만 두려워요. 어떻게 딸이 아버지를 버릴 수 있겠어요.

K박사 마음 아프지만, 냉정하게 생각해야 해요. 사회복지기관이나 주변의 도움을 받는 것이 아버지를 버리는 것은 아니지요. 다른 사람이야 어떻게 되든 나만 살고 보자는 심보도 아니고, 내가 먼저 살아야 다른 사람을 도울 수 있는 것 아닌가요. 대부분 떠나는 사람이 힘들어 못 떠납니다. 오히려 남은 사람은 혼자서도 제법 잘 견디거든요.

심청 제 경우는 그렇지 않은 것 같아요. 저희 아버지는 못 견디세요. 예전에 같은 동네에 사는 장승상 댁 노부인이 저를 수

양딸 삼겠다고 부르신 적이 있어요. 그 댁에서 이야기를 나누느라 귀가가 좀 늦었거든요. 그랬더니 아버지께서 그 보이지도 않는 눈으로 신발도 제대로 못 신고 저를 찾아 온 동네를 헤매고 다니셨더라고요. 아버지는 제가 없으면…. 아버진 그럼 못 사세요.

K박사 마음 아픈 이야기네요. 아버지께서 불안감이 참 큰 것 같아요. 아무리 어린 딸이라지만 귀가가 좀 늦는다고 그렇게 무리하실 필요가 있었을까요. 이웃에게 물어보거나 신고를 한다면 모를까….

심청 아버지가 저와 헤어질까 봐, 제가 다칠까 봐 불안해서 그러셨대요.

K박사 아버지에게 분리불안 증세가 있는 건 아닌지 모르겠네요. 말로는 늘 "빨리 좋은 직장도 갖고, 시집도 가고, 하고 싶은 대로 하려무나"라고 하지만, 속으로는 딸의 부재에 대해 늘 걱정하는 마음이죠. 그런데 분리불안은 떨어지지 않는다고 해결되는 게 아니에요. 성숙해진다는 건 그저 나이가 드는 것이

아니라, 독립적인 삶을 향해 나아가는 것이잖아요. 물론 장애가 있어 도움이 조금 더 필요한 경우가 있습니다만, 그럼에도 불구하고 우리는 독립하기 위해서 태어났다고 해도 틀리지 않지요.

심청 그럼, 아버지를 떠나지 못한 원인은 저에게 있는 게 아니라 아버지의 문제라는 뜻인가요?

분리불안 증세,

함께 있는다고 해결되지 않는다

K박사 그렇다고 할 수도 있고, 그렇지 않다고 할 수도 있어요. 매년 학기 초가 되면 '학교 공포증'으로 상담 오는 학생들이 많아요. 그중에는 엄마와 떨어지기 힘들어서 학교에 가기 두려워하는 경우가 있죠. 엄마와 떨어지면 무슨 큰일이 생길 거라고 상상해요. 엄마가 교통사고를 당하거나 나쁜 사람들에게 해코지를 당할지도 모른다는 식으로 말이에요. 그런데 여기서 엄마의 반응이 특징적이에요. 좀 호전이 되면 아이들은 '엄마가 없

어도 된다'고 하는데, 오히려 엄마가 아이와 떨어지기 힘들어 하죠. 알고 보면 엄마가 더 문제였다고도 할 수 있어요. 다시 말해 분리불안의 경우, 양쪽 모두 문제가 있을 수 있다는 뜻이에요.

심청 공감합니다. 저도 아버지와 떨어지는 것이 불안하긴 해요. 하지만 꼭 불안이 전부는 아닌 것 같아요. 실은 죄책감이 들어요. 아버지를 버린다는 죄책감….

K박사 죄책감은 죄를 짓고 나서 느끼는 양심의 반응인데…. 심청 씨가 무슨 죄를 지었나요?

심청 아, 그러고 보니 죄를 지은 것도 아닌데 꼭 죄 지은 기분이네요. 이 느낌은 뭐죠?

K박사 죄를 지을까 봐 두려운 것일 수 있죠. 죄책감이 꼭 나쁜 것만은 아니에요. 죄를 짓고도 철면피처럼 얼굴 들고 사는 사람들이 얼마나 많아요. 죄책감은 착한 사람의 고통이죠. 어쩌면 우리 모두는 부모에게 죄책감을 느끼면서 살지도 몰라요.

뭔가 잘못했기 때문에 그럴 수도 있고, 잘못을 저지를까 봐 그럴 수도 있지요. 자기주장을 제대로 펼 수도 없고, 괜한 미안함에 고분고분해지기도 하죠. 그래서 죄책감이란 체제나 가족을 유지하는 데 순기능으로 작용하기도 합니다만, 지나치면 인생에 부정적인 영향을 끼칩니다. 극단적인 경우에는 파멸에 이르기도 하죠.

심청　저도 그럴지 몰라요. 사실 저를 수양딸 삼고 싶다는 노부인께서 제게 더없이 좋은 제안을 하셨거든요. 아무 조건도 없이 아버지 빚을 다 갚아주시겠다고요. 하지만 제가 거절했어요. 왠지 아버지를 배신하는 것 같아서요. 제가 아버지를 위해 어떤 분들과 약속을 한 게 있어요. 과연 옳은 결정인지 아닌지 갈등이 많았지만, 지키려고요. 제 스스로를 버리는 한이 있어도, 그 약속을 깰 수는 없을 것 같아요.

K박사　심청 씨는 강박적인 면도 있는 것 같네요. 어떤 일이 있더라도, 남에게 절대 폐를 끼칠 수는 없다는 완벽주의적인 성격이 있어요. 어찌 보면 고고한 인격으로 보일 수도 있지만, 현실적으로는 너무 지나친 것 같네요. 타인의 호의를 모두 저버

리고 반드시 지켜야만 할 약속이란 것이 있을까요?

심청　그 약속이라는 것이 만약 아버지 눈을 뜨게 하기 위해 제 목숨을 바쳐야 하는 것이라면, 박사님은 뭐라고 하시겠어요?

K박사　아니, 어떻게 그런 일이 있을 수 있나요? 말도 안 되는 일이지요. 아주 오래전에는 어떤 신에게 희생양을 바친 대가로 재난을 막고 병도 고친다는 미신이 있었지만, 현대사회에서는 당연히 천인공노할 일이자 불법적인 사건이지요. 굳이 정신의학적인 시각으로 보자면, 종교 망상에 빠진 매우 위험한 정신병적 상태로 보고, 응급 입원이 필요한 정도입니다.

심청　저도 살고 싶어요! 약속을 파기한다 해도 별일은 일어나지 않을 거라는 걸 모를 리 없죠. 하지만 약속을 지키고 싶었어요. 박사님 말씀처럼 저도 제 자신이 정상이 아닌 것 같다는 생각도 했어요. 그런데 지금 상담하면서 그 이유를 알게 됐어요. 제가 정말 원하는 것은 호의호식이 아니라, 독립이라는 사실을요.

K박사 아, 물론 독립이 중요합니다만, 목숨만큼이나요?

독립의 완성은
감정적 독립

심청 제가 노부인의 제안을 거절한 이유는, 물론 아버지와 헤어지는 것이 두렵고 죄책감이 들어서이기도 했지만, 무엇보다도 또다시 누군가의 그늘에 들어가는 것이 싫었기 때문이에요. 노부인에게 의지하면 편하겠죠. 부유하고 좋은 분이니까요. 그런데 돈을 보고 한 결혼이 결코 행복하기만 한 것은 아니듯이, 왠지 그런 핑크빛 상황이 내키지 않았어요. 속박당하고 싶지 않은 거죠. 제 결정이 무모하다는 건 알지만, 좋은 기회가 될 수도 있잖아요. 만에 하나 제가 살아남는다면, 아버지를 버렸다는 죄책감에서도 자유로울 수 있으니 좀 더 쉽게 독립으로 나아갈 수 있지 않을까요?

K박사 충분히 이해합니다. 유년기부터 가난에 시달리고, 철들기 전부터 가장 노릇을 한 심청 씨에게 독립은 너무 소중하죠.

또 현명하고 순리에 맞게 살아오셨으니 결코 나쁜 일은 없을 거라 믿고요.

심청   그렇게 말씀해주셔서 감사합니다.

K박사 집안이 어렵거나 부모와의 경제적 갈등으로 힘들어하는 젊은 층이 적지 않아요. 가족, 사랑, 효도 같은 가치는 시대가 변하면서 함께 변하기는 합니다만, 어느 때고 결코 무시할 수 있는 가치는 아니지요. 하지만 자신의 삶은 스스로가 책임져야죠. 또 옳다고 생각하면 실천할 수 있어야 문명인이고요. 독립은 자기 자신만이 아니고, 사회 전체를 봐서도 꼭 이루어야 할 과업입니다. 그런데 진정한 독립의 완성은 감정적 독립입니다. 시작은 경제적 독립이고요.

심청   경제적 독립이 지상 과제인 줄 알았더니, 생각해보면 감정적인 독립을 하지 못해서 제가 이렇게 힘들고 이성적이지 못한 판단을 하는 것도 같네요.

K박사 끝으로 심청 씨, 다시 한번 생각해보세요. 생명과 바꿀

수 있는 것은 아무것도 없습니다. 죄책감을 내려놓기 위해서
도, 심지어 독립을 위해서도 생명을 함부로 포기해서는 안 돼
요. 독립이라는 단어에는 '삶'이라는 전제가 있으니까요.

관계의 어려움을 극복하고
흔들리지 않는 법

진화론적으로 '관계'는 생존의 가장 중요한 요소이다. 생존율이 낮은 원시시대에 어린 개체들은 위험에 취약했다. 스스로를 방어하지 못해서다. 부모가 먹을 것을 장만해주지 못한다면, 노동력이 없는 아이는 생존이 불가능하다. 누군가 공격을 한다면, 부모의 도움 없이 이겨나가기도 힘들다. 가족의 범위를 벗어나 집단이 되길 원하는 것도 마찬가지 이유다. 혼자보다는 집단이 생명 보존에 더 유리하기 때문이다.

시대가 변해도 가족의 가치는 영원하다. 가장 오래 양육의 시간을 갖는 인류는 부모 세대의 희생으로 지구상에서 가장 지배적인 종으로 살아갈 수 있었다. 양육을 통해 쉽게 살아가는 방법을 터득한다. 건강한 육체와 정신을 갖춘 성인으로 성숙할 수 있다. 그리고 관계 역시 양육의 지배를 받는다. 비록 타고난 기질이나 삶의 경험에 의해 관계의 틀이 바뀔 수 있다고는 하지만, 가장 큰 영향은 양육 과정에서 부모와의 관계를 통해서다.

강준상 씨는 강한 엄마에게 지배를 당해 어른이 되어서도 의존적이고, 안나는 부친의 부재로 인한 애정의 결핍이 남편과의 관계에서 어려움을 만들고, 폐기는 폭력적인 아빠로 인해 분노에 휩싸이게 되고, 준영은 냉정한 엄마와 부모의 이혼으로 누군가로부터 버림받을까 노심초사하는 유기불안으로 고통받는다. 도우터는 애착의 부재로 인한 관계 형성 자체의 어려움을 겪었으며, 심청은 부모와의 분리불안을 극복하기 위해 극단적인 선택을 했다. 각자 갖고 있는 문제는 다르지만, 가장 사랑하는 사람과의 관계가 비뚤어진 것이 문제의 원인이다.

관계의 어려움을 극복하는 방법은 다양하다. 하지만 한

가지 공통점은 있다. 비록 원인은 부모 등 다른 사람에게 있을지라도, 해결책은 내 안에 있다는 것 말이다. 가족의 도움이 절실한 경우도 있지만, 대부분 문제를 파악하고 해결하려는 스스로의 노력이 제일 중요하다. 이때 내 안의 바람직하지 않은 문제를 직면하고 뜯어고치려는 시도도 중요하지만, 또한 내 안에 있는 장점들을 인정하고 발전시키는 것도 중요하다.

사족일지 모르지만, 다음 세대를 위한 말을 덧붙이고 싶다. 부모와의 관계를 자녀가 결정짓기는 어렵다. 자녀가 부모를 선택할 수는 없기 때문이다. 하지만 우리 스스로 어떤 부모가 될지는 정할 수 있다. 자녀가 평생 관계의 어려움으로 고통받지 않으려면 어떻게 해야 할까? 단순하게 말하면, 뻔하지만, 사랑해야 한다. 사랑이 무엇인지 잘 모른다면, 살을 부딪히고 칭찬해주고 아껴주면 된다. 사랑받는 아이는 스스로를 아끼고 남과 원만한 관계를 맺고 세상을 긍정적으로 보는 법이다. 아이의 행복은 부모의 사랑으로 만들어진다. 돈이 아니고 말이다.

2부

삶은 선택의 연속,
어떻게 선택해야 후회가 없을까?

내 삶의 결정권은
나에게 있어!

"과연 내 삶의 가장 큰 고통은 무엇이었을까요….
제일 힘든 건 내 꿈과 희망과 미래를 모두 포기해야만 하는 일이었습니다.
다른 사람 고생시킨 것도 미안하지만,
내 존재를 잃은 것에 비할 바가 아니었어요."

'국민 효녀' 심청의 아버지. 어려서 병으로 시력을 잃고, 첫 아이 출산 이후 아내와 사별했다. 눈이라도 뜨고 싶은 마음에 공양미 300석을 시주하겠다고 했다가 덜컥 딸까지 잃었다. 이후 뺑덕어멈과 살림을 합쳤다가 알량한 재산마저 잃었다. 왕후로 돌아온 딸 심청이 덕분에 눈도 뜨고 복록을 얻었으니, 그는 이제 아무 고민 없이 살 수 있을까? 그의 상실감의 근원은 따로 있었다.

삶은 선택의 연속, 어떻게 선택해야 후회가 없을까?

심학규 박사님, 혹시 심청이라고 기억나세요? 상담을 왔었다고 하던데요.

K박사 아, 네, 그런데요?

심학규 제가 청이 아비 되는 사람입니다. 요즘 내가 고민이 많다고 했더니, 박사님을 추천해주더라고요. 우리 딸은 어떻던가요? 뭐, 지금 봐서는 더할 나위 없이 좋은데…. 그때는 많이 힘들었을 거예요. 혹시 또 아플까 봐 걱정이 되기도 하고….

K박사 아, 심청 씨 아버님 되시는군요. 기억하고 말고요. 따님이 좋아지셨다니 다행입니다. 그런데 아버님, 정신과 의사에게는 다른 분의 상담 내용은 공유해서는 안 된다는 직업윤리 같은 것이 있습니다. 비록 가족이라고 해도요. 그냥 아버님이 알고 계신 정도 이외에는 말씀 드릴 수가 없네요.

심학규 알겠습니다만…, 절대 예외가 없나요?

K박사 예외는 있죠. 당사자의 현실 판단력이 부족해 반드시 가족의 도움이 필요하다고 판단되면, 가족 상담을 같이합니다. 또 이런 경우는 아주 드물지만, 내담자가 법적인 문제에 연루돼서 제가 증인으로 재판장에 선다면, 그때는 숨김없이 말해야겠죠.

심학규 우리 아이가 재판장에 설 일은 당연히 없고, 현실 판단력이 있다는 말씀이니 다행입니다. 지켜야 할 것은 지키는 것이 옳죠.

K박사 이해해주셔서 감사합니다. 아버님은 무슨 문제 때문에 오셨나요?

심학규 이것 참 민망한 이야기인데…. 제 나이 60에 큰 결정을 해야 하거든요. 제 판단이 옳은지 모르겠습니다. 왠지 자신이 없기도 하고요. 제 인생이 남다르거든요. 지금은 잘 보이지만, 20대에 시력을 완전히 잃었어요. 다행히 좋은 아내를 만나 청이도 낳았죠. 경제적으로 어려웠지만 나름 행복한 생활을 했는데, 청이 엄마가 죽은 이후로는…. 지금도 가슴이 미어지네요.

K박사 아, 상실감이 크셨겠어요.

심학규 말해 무엇하나요. 아이를 마흔에 얻었어요. 노산이라 그런지, 산후조리를 제대로 못해서 그런지, 출산 후 일주일 만에 그만 아내가 세상을 떠났습니다. 청이는 제게 하나뿐인 가족이었지요.

K박사 부인께서 돌아가신 후에 따님을 혼자 키우느라 고생이 이만저만 아니셨겠어요.

심학규 그때는 찢어지게 가난했거든요. 아이 분유값도 없었고, 게다가 앞을 못 봤으니…. 사는 게 사는 것이 아니었지요. 그나마 제가 부덕한 짓을 하지 않아서인지, 또 살아생전 아내가 주변 분들과 잘 지내서인지 도움을 많이 받았습니다. 물론 그럼에도 청이가 어려서부터 엄청 고생을 했어요. 그 생각만 하면 아직도 미안하고 마음이 아픕니다. 말 그대로 소녀가장이었으니까요. 애가 또 심성은 어찌나 고운지. 부끄럽지만, 아비로서 의지가 되는 딸이었습니다. 그런데 어느 날, 그런 청이가 집을 떠날 수밖에 없게 된 거죠. 그때 열다섯 살이었어요.

버림받은 것 같은 상실감

K박사 따님이 떠나신 후에는 어떠셨나요?

심학규 아내가 떠날 때보다 더 힘들더라고요. 나 때문에 아이가 그 꼴을 당했으니까요. 의지할 곳 없고 희망 하나 없는 제게 청이는 삶의 전부였거든요. 슬프다 못해 방황한 세월이 1년이 넘었습니다. 바보 같은 이야기지만, 아내나 청이에게 버림받은 느낌이었어요. 주책맞죠?

K박사 살면서 벌어지는 여러 가지 사건들의 스트레스 정도를 측정하는 '생활사건 스트레스 척도'라는 것이 있어요. 그 척도에 의하면, 서양에서는 배우자의 죽음이 가장 힘든 사건입니다만, 우리나라에서는 자녀의 죽음이 가장 힘들고 슬픈 사건이랍

니다. 그런 일을 겪는다면, 우울해지기 쉽죠. 버림받았다고 느낄 수도 있고요.

심학규 네, 스트레스라는 표현 그 이상으로 정말 힘들었어요. 청이가 떠나면서 내게 물질적으로 많은 것을 주고 갔습니다. 죽을 때까지 호의호식은 아니라도 살 만하게 해주었지요. 예전에 비하면 부자가 된 셈이지만, 마음은 그렇지 못했지요. 아내와 딸에 대한 그리움이 점점 커져만 가더라고요. 허전함과 외로움으로 죽을 것만 같았어요. 그때 만난 것이 뺑덕어멈입니다. 50대 중반에 동거할 여인이 생기니 좋기는 합디다만, 그 여인네 행실이 올바르지는 않았어요.

K박사 생물학적으로 보자면, 그 연령대에는 남성 호르몬이 떨어질 시기입니다. 하지만 성은 호르몬으로만 설명할 수 없죠. 아마도 상실감을 그렇게 풀어가려 했던 거 같네요. 이제는 아시겠지만, 그런다고 상실감이 해소될 리는 없습니다. 술이나 약물로도 해결할 수 없는 것이 상실감이거든요. 그런데 1년이나 그러셨으면 정말 우울증이었을 수도 있겠네요.

심학규 우울증요? 듣고 보니 그런 거 같네요. 아무튼 재산 정리를 하고 고향을 떠날 수밖에 없는 상황이 되었어요. 그 즈음에는 우울한 기분도 나아진 듯했지만, 또 다른 고난을 겪었답니다. 어찌 보면 천벌을 받았다고나 할까, 뺑덕어멈이 나를 버리고 도망을 가버렸어요. 나라에서 '시각장애우 페스티벌'을 연다기에 같이 상경하다가 그 꼴을 당했습니다. 그런데 박사님! 정말로 살길이 막히니까 오히려 오기가 생깁디다. 뺑덕어멈에 대한 원망이 커질수록 죽어도 내가 그 페스티벌인가 하는 잔치에는 참가해야겠다는 오기 말입니다. 그러다가 갖고 있던 모든 것을 도둑맞아 오도 가도 못하게 되었는데, 어찌 된 영문인지 생판 알지도 못하는 사람에게 여비를 얻었지 뭐요! 흠흠, 이전에 비렁뱅이를 했던 경력 때문이라고 지레짐작하지는 마세요.

K박사 그럴 리가요. 어쩌면 청이 아버님도 '독립'을 향해 출발을 한 것인지도 모르겠다는 생각이 들었습니다. 청년기부터 앞이 안 보였으면 아마 의존적인 삶을 사실 수밖에 없었겠지요. 살면서 부모와 형제들에게 의지를 많이 하셨을 거예요. 그리고 작고한 곽씨부인과 따님에게도요.

심학규 아…. 낸들 의존적이고 싶었겠소만, 그렇게 될 수밖에요. 그게 팔자소관이려니 했지요. 솔직히 말하면, 눈이 멀쩡했던 소싯적에는 남들보다 공부를 더 열심히 했었기에 꿈도 많았죠. 다들 한자리 할 거라고 말할 정도의 실력이었답니다. 소경이 되고 나서는 부모 마음을 아프게 하고, 아내를 힘들게 하고, 딸을 고생시켰습니다.

K박사 그런데 그 모두가 결국 떠나버렸죠. 의존하던 사람들이 그렇게 사라지다니, 마음이 무너져 내리는 것 같은 느낌이었을 겁니다. 그런데, 그 이후에 아버님은 오히려 독립적이 되셨네요? 마음에 무슨 변화가 생긴 거죠?

심학규 예리하시네요 박사님. 모두가 떠나고 고통이 엄습하던 어느 날, 문득 이런 생각을 해봤습니다. 과연 내 삶의 가장 큰 고통은 무엇일까? 곽씨부인도 청이도 아닙니다. 음…. 제일 힘든 것은 내 꿈과 희망과 미래를 모두 포기해야만 하는 일이었습니다. 다른 사람 고생시킨 것도 미안하지만, 내 존재를 잃은 것에 비할 바가 아니더군요. 나를 아프게 한 것은 남이 아닌, 바로 나 때문이란 것을 깨달았죠.

K박사 깨달음은 늘 힘들 때 찾아오는 법이죠. 모두가 떠난 뒤에야 자신이 보이고요. 의존 성향이 강한 사람들은 의존할 대상이 떠나고 나면 우울증에 걸리기 쉽습니다. 물론 아버님도 그러셨고요. 그 어려움 속에서 스스로의 존재를 있는 그대로 바라보신 것은 정말 대단한 일입니다.

심학규 그럴까요?

K박사 적지 않은 중년들이 비슷한 혼란을 겪고 깨달음을 얻습니다. 여태껏 뼈 빠지게 일만 해온 스스로를 돌아보며 '내가 왜 이러고 있지?' 하는 의문을 품죠. 그러고는 그 원인을 가족이나 사회로 돌립니다. 분노가 쌓이지요. 하지만 결국 어찌할 수 없음을 알고는 일탈하거나 심신이 병들게 되죠. 하지만 현명하다면 시작이 틀렸다는 사실을 눈치챕니다. 혼란과 고통은 가족과 사회가 아닌 자기 자신으로부터 시작되었음을요.

심학규 자신 안에서 문제를 발견하는 현명함이라니…. 쉽진 않겠지만, 그런 진짜 어른이 되고 싶군요. 아무튼, 복잡하기는 하지만 그 이후에 많은 일이 있었습니다. 죽은 줄만 알았던 청이도 만나고, 덕분에 눈도 보이게 되고, 이제는 굶을 걱정 안 하고 살게 되었죠. 좋은 일이긴 한데, 또 다른 고민이 생겼답니다. 말씀드렸다시피, 좋은 일이 생기면 나쁜 일도 일어나는 내 운명 때문입니다. 청이를 낳고 아내를 잃고, 그리고 살 만하니 나쁜 여자를 만나서 재물을 잃고…. 지금은 그럭저럭 행복한데, 재혼을 하면 혹시 불행이 다시 찾아올까 두렵습니다.

K박사 그럼, 여태껏 겪은 불행은 무엇 때문일까요? 말씀하셨듯이, 모진 말처럼 들리겠지만, 운명이 아닌 아버님 때문이었지요. 아버님이 어떻게 받아들이느냐에 따라 행복과 불행은 달라집니다. 사실, 재혼은 해봐야 알겠지요. 정말 우려대로 불행해질 수도 있겠지만, 행복이 더해질 수도 있을 겁니다. 운명이라는 짐은 때로는 보물상자가 될 수도 있지 않을까요.

심학규 박사님, 근데 그게 말처럼 쉽지 않더라고요. 이 나이에 사랑을 나누고 결혼을 한다는 것이 다른 사람들을 의식하지 않을 수가 없어요. 우리집이야 청이나 사위나 모두 결혼에 적극 찬성하고, 내 처가 될 사람 역시 눈치 보지 않는 사람이지만, 일반적으로 늦은 나이에 재혼을 선택하는 것은 쉽지 않잖아요. 엄마가 재혼한다고 자녀들이 아버지로부터 받은 유산을 돌려 달라는 다툼을 하지 않나, 사별하고 재혼한 여성에게는 남편 잡아먹는 귀신이라고 꼬리표를 붙이질 않나! 혼자 사는 분들 이 이성교제라도 할라치면 육신이 그리워서 그런다며 비아냥 거리질 않나! 해도 해도 참 너무들 하더군요.

자기 삶의 결정권은
자기 자신에게 있다

K박사 속상하실 만합니다. 그렇지만 아버님, 세상은 때론 내가 더 중요할 때도 있어요. 재혼이 그런 것입니다. 만약 필요하다 고 느끼고 행복해질 수 있다는 믿음이 생긴다면, 믿는 그대로 하시면 좋겠어요. 자녀들이 반대한다 해도 말입니다. 만약 그 들이 아버님과 함께 평생을 의지하면서 살아준다면, 그때는 다 시 생각해볼 수도 있겠죠. 하지만 그런 결정은 모두에게 쉽지

않을 겁니다. 그렇다고 서운해하실 것도 없습니다. 성숙한 인생은 독립적이니까요.

심학규 그렇군요. 사랑과 결혼조차 가족과 타인의 시선을 지나치게 의식하는 삶에 너무 익숙해졌나 봅니다.

K박사 그리고 점차 재혼이 느는 것도 엄연한 현실입니다. 재혼을 하는 것이 그렇지 않은 편보다 건강, 웰빙, 행복 모두에서 좋은 점수를 보여주는 연구도 많고요. 물론 다른 측면도 생각해봐야 합니다. 남들이 좋다고 무조건 따라 할 일은 아니죠. 아버님도 아시다시피, 젊은이들의 비혼주의는 시사하는 바가 큽니다. 결혼을 하지 않는 이유는, 경제적 어려움도 있겠지만, 이제 결혼은 어떤 연령층에게나 선택의 문제가 된 겁니다. 그러니 생각하는 대로 행동하세요. 더 이상 눈치 보지 마시고요. 자기 삶의 결정권은 자기 자신에게 있습니다.

바꿀 수 없는 운명이라도
포기해서는 안 되지요

"일단 육체적으로 너무 힘들어요.
손주 보다가 허리디스크 도졌다는 말을 실감하겠더라고요.
아휴, 게다가 이렇게 사는 게 맞나 싶어요.
아이들 도와주는 일이니 당연한 건데, 내 삶은 어디 있나 하는 생각도
들기는 합니다. 평생 일만 하다 죽을 거 같아요."

독사 시어머니 시집살이와 가부장 남편 뒤치다꺼리 졸업하고 이제
살 만하다 싶으니 '황혼육아'에 내몰렸다. 금융업에 종사하는 첫째,
대기업 부장인 둘째, 등단한 작가 출신 막내까지, 딸 셋을 반듯하게
키워낸 자부심으로 사는 박선자 씨는 요즘 설렁탕집 운영하라, 큰딸
네 집안일과 손주 육아까지 도맡은 터라 눈코 뜰 새 없이 바쁘다. "친

정엄마가 도와줘야 내 집이라도 장만하지 않겠느냐"며 자처한 일이 지만, 그 고생을 너무도 당연하게 받아들이는 사람들 때문에 종종 기운이 빠진다.

내담자 | 박선자(女), 설렁탕집 운영 (드라마 〈세상에서 제일 예쁜 내 딸〉 속 전형적인 한국 엄마)

박선자 요즘 속이 많이 상해서요. 제가 의사는 아니지만, 이게 우울증이 아닌가 싶어요. TV 드라마에서 우울증 걸린 사람들 보면 저랑 그리 다르지 않더라고요. 제 인생을 돌아보면 속병이 날 만도 해요. 시어머니가 유별나셨거든요. 남편도 요즘 사람들은 상상 못 할 정도로 가부장적이었고요. 그 세월 보내고 자식들 다 키우고 나면 쉬엄쉬엄 살게 될 줄 알았는데…. 웬걸요. 손주 돌보랴, 큰딸 미선이네 살림 도우랴, 먹고살 걱정에 하루도 편한 날이 없어요.

K박사 잘 아시다시피, 요즘은 여러 가지 이유로 노년층의 우울증이 느는 추세예요. 작년 통계를 보면 전체 우울증 환자 중에 60세 이상이 무려 35.9퍼센트나 됩니다. 박선자 씨도 그럴 가능성이 있을 겁니다. 하지만 크게 걱정하지 않으셔도 돼요. 정

신과 치료가 발달해서 노인 우울증 예후가 나쁘지만은 않아요. 잠시 심리검사를 좀 해볼까 하는데, 어떠세요?

박선자 박선자 씨요? 하하. '다빈이 할머니'나 '미선이 엄마'가 아닌 제 이름을 불러주시니 좋네요. 검사는 오래 걸리나요? 비싸지는 않아요? 결과는 금방 나오고요?

K박사 생각보다 많이 들지는 않아요. 설렁탕 한 그릇 가격 정도면 가능해요. 간단한 심리검사라 오래 걸리지 않고요. 잠시 기다리시면 바로 결과가 나와요.

(박선자 씨는 진지한 태도로 심리검사에 임했다.)

박선자 어떤가요, 박사님? 많이 우울하게 나왔나요?

K박사 주관적으로 느끼시는 우울감보디 디 많이 우울하시네요. 최근에 스트레스가 많거나, 큰일을 겪으셨나요? 무슨 이유로 마음이 이리 힘드실까요?

박선자 제가 정말 우울해요? 박사님, 이런 이야기하면 좀 창피한데요. 사실 요즘 제가 많이 힘들어요. 큰딸네 아이를 제가 키우다시피 하잖아요. 다빈이 어미가 신협에 다니거든요. 저희들 먹고살겠다고 저렇게 애쓰는데 어떻게 모른 척하겠어요. 그리고 다빈이가 참 예뻐요. 자식 도와주고, 소중한 손녀 키워주고, 이보다 장한 일이 어디 있겠어요.

K박사 당연한 말씀이에요. 여력만 된다면 천년만년 자식을 돌보고 싶은 게 부모 마음이죠. 손주는 오죽하겠어요. 그런데 정말 좋기만 하세요? 혹시 불편한 마음이 드신 적은 없었어요?

박선자 음…. 이런 이야기한다고 나쁜 할미라 흉보지 마세요. 솔직히 말씀드리면, 마음 한구석에 편치 않은 점들이 있네요. 일단 육체적으로 너무 힘들어요. 안아달라고 하니 안아주는데, 손주 보다가 허리디스크 도졌다는 말을 알겠더라니깐요. 아휴, 게다가 이렇게 사는 게 맞나 싶어요. 아이들 도와주는 일이니 당연한 건데, 내 삶은 어디 있나 하는 생각도 들기는 합니다.

평생 일만 하다 죽을 거 같아요.

K박사 아이고, 무슨 말씀을요. 흉볼 이야기는 아니죠. 힘든 것을 힘들다고 하는 것은 창피한 일이 아니에요. 육체적으로 힘드신 것이 당연하죠. 박선자 씨의 어머니 시절에는 이 나이쯤이면 일 놓고 쉬는 분들이 더 많았을 거예요. 만약 일을 하셨더라도, 자신들의 생계 때문이거나 삶의 질을 위해서 하셨지요. 요즘처럼 조손양육에 매진하는 경우는 드물었어요. 할머니 할아버지가 되면 편안히 쉬고 즐겨야 하는 것이 당연한 시절이었고, 그게 옳다고 생각해요. 정말 부끄러워해야 할 사람은 저희 세대죠. 젊은이들이 결혼하고 아이 낳는 것만 신경을 곤두세웠지, 정작 현실적인 양육을 전담하다시피 하는 노인에 대한 배려는 너무 적어요.

박선자 지당하신 말씀입니다. 관광버스 타고 산이며 바다며 놀러 다니는 시절이 언제 오려나 기다렸는데, 지금 같아서는 영영 오지 않을 거 같아요. 근데 가장 문제는 자식들과의 갈등이에요. 자식들과 애 키우는 생각과 방식이 너무 차이가 나요. 우리 때는 어른들이 팥으로 메주를 쑨대도 '네' 이외에는 일언반

구 못했잖아요. 그게 지당한 말씀이라 믿었거든요. 태어날 때부터 아이 키우는 법을 아는 사람이 어디 있어요! 근데 요즘 것들은 한 마디를 하면 열 마디를 해요. 저한테 "무슨 책에서 그렇다더라, TV에 나온 교수님이 이러시더라"라고 하면, 제가 할 말이 없죠. 하지만 다른 일도 아니고 손주 키우는 일이 어떻게 이론만으로 되겠어요? 진짜 키우면서 경험한 바가 있으니, 저도 굽히기가 쉽지 않네요.

K박사 십분 이해가 갑니다. 할머니들 말씀이 지당하고요. 삶의 경험만큼 확실한 것이 어디 있겠어요. 하지만 세상이 바뀌긴 했어요. 환경이 바뀌어서 아이들 성장도 달라요. 물론 지나치게 이론만 고집하는 젊은 엄마들도 늘 옳은 것은 아닙니다. 그러니 이런 갈등을 푸는 첫 번째 방법은 먼저 양육 책임의 주체를 정하는 것입니다. 한 부모 가정 같은 예외를 제외하면, 부모가 책임을 지는 것이 좋겠죠. 조부모는 도와주는 입장을 견지해야 합니다. 그리고 만약 양육에 이견이 생긴다면, 충분히 상의하세요. 서로의 입장을 전달하고 타협점을 찾는다면 대부분은 해결될 겁니다.

박선자 그러게요. 근데 솔직히 아이들이 미덥지 못한 것이 어미 마음인가 봐요. 또 현실적으로 제가 돌보는 시간이 훨씬 많은 걸요. 그러니 제 책임이 되죠. 한번은 놀이터에서 다빈이가 이마를 다쳤어요. 그렇잖아도 제가 죄인 된 심정이었는데, 다빈이 어미가 노발대발하면서 아주 제 가슴에 칼을 꽂더라고요. 괘씸한 계집애….

K박사 그래서 양육 책임의 주체를 말씀 드린 거예요. 엄밀히 말하면 아이가 다치는 것은 일차 책임이 함께 있었던 할머니에게 있더라도, 그 일을 예상하고, 실제로 문제가 생겼을 때 어떻게 처리할지는 부모가 결정해야죠. 아이들이 자라면서 어떻게 한두 번 다치거나 병치레하는 일이 없겠어요. 아무리 할머니가 다빈이와 함께 있는 시간이 길다고 해도 전적인 권리나 의무를 질 수는 없어요. 현재는 밖에서 일하는 엄마가 당장 해줄 수 있는 일이 별로 없어보이겠지만, 시간이 흐를수록 엄마와 함께 할 시간이 절대적으로 많아집니다. 결국 길게 놓고 보면 엄마가 아이의 양육에 책임을 지우게 하는 것이 더 다빈이를 위하는 길이에요. 따님에게도 마찬가지고요.

박선자 어렵네요. 근데 박사님, 도대체 언제까지 돌봐줘야 해요? 처음에는 그냥 몇 년 봐주면 되겠지 했는데, 애들 집 살 때까지 봐주려면 그 이상 걸릴 것 같아요. 또 모르죠. 집을 사고 나면 자식들이 자아실현인가 뭔가 한다고 해서 손주들 대학 가기 전까지 봐주는 집도 여럿 봤어요. 손녀가 대학을 가면 엄마고 할미고 말을 안 들을 테니, 그나마 다행이라고 해야 하나요.

K박사 그러게 말입니다. 짧게는 3~6년, 길게는 15년 이상을 손주 돌보는 일에 인생을 쏟으면 노후의 삶은 도대체 언제 누릴까요. 뜬금없이 들리실지 모르지만, 이 문제의 큰 책임과 해법 제시는 정부 몫이라고 생각합니다. 부모가 자녀를 돌볼 수 있도록 시스템을 바꾸거나, 아니면 공적 기관에서 양질의 양육을 전담해야지요. 하지만, 당장 현실적으로는 조부모의 희생이 필요할 수밖에 없네요. 1970~80년대 경제 부흥에 나선 남편들을 지원하고 나니, 이제는 자식들이 먹고살 수 있도록 양육을 책임져야 하다니…. 진정한 경제역군은 할머니들이에요.

박선자 그렇게 말씀해주시니 조금 보상을 받은 느낌이네요. 근데 친정엄마만 역군인가요? 시어머니들은 뭐한데요? 우리 사부인 보면 골프인가 도예인가 할 시간은 있으면서, 다빈이 봐줄 시간은 없다더라고요. 가끔은 아주 꼴 보기 싫어 죽겠어요! 그런데 박사님, 제가 한 이야기, 다른 사람들은 모르겠죠?

K박사 당연하죠. 상담은 개인의 비밀이 완전히 보장된다는 큰 전제가 없으면 시작도 못합니다. 어느 쪽 조부모가 손주를 돌보느냐는 개인차가 많은 거 같아요. 워낙 사정들이 다 다르잖아요. 당사자의 인성 때문이기도 하지만, 환경이 여의치 않을 수도 있고요. 가능하면, 이 역시 양육의 주체인 부모가 조정해주어야 합니다. 일방적으로 한쪽 조부모에게 의존하는 것은 또 다른 가정 갈등의 원인이죠.

박선자 그래서 다빈이는 언제까지 제가 돌봐줘야 할까요?

K박사 이 역시도 큰딸네 부부와 상의하셔야 해요. 타협해야죠. 요즘 젊은 부부들은 자아실현한다고, 또 현재의 삶을 즐긴다며, 경제적 안정을 도모한다며, 부모에게 한도 끝도 없이 양육

을 전담시키는 경우가 있습니다. 하지만 그럴수록 박선자 씨도 절대 넘지 말아야 할 선을 정해두셔야 합니다.

박선자 그러게요. 딸도 그렇고 사위도 그렇고, 가끔 보면 저를 그 집 일 해주는 사람으로 취급할 때가 있더라고요. 사위는 몇 번을 얘기해도 맨날 뱀 허물 벗듯 옷 벗어놓지요, 소시지 타령하며 반찬투정까지 한다니까요. 미선이도 그래요. 주말에 빨래라도 미리 해놓으면 좀 좋아요? 늘 제 신랑 와이셔츠 다려놓은 거 없다고 아우성이에요. 보자 보자 하니 한도 끝도 없어요 정말.

K박사 네. 박선자 씨가 선을 지켜야 자녀 분들도 그 선을 의식해요. 아무리 막돼먹은 자식이라도 그 선을 넘는 순간 '엄마가 이것은 아니라고 했었지?' 하고 자각을 할 겁니다. 적당히 잘 큰 자녀들이라면 부모가 정한 선을 지키기 위해 노력해요. 그 선을 만들어주시지 않으면, 그 선을 넘고도 넘은 줄 몰라요. '이래도 괜찮겠지' 한답니다. 그러니 미선 씨 내외에게 언제까지 다빈이를 돌봐주겠다고 미리 이야기하세요. 그 결정은 그들의 입장을 일부 고려하셔도 되지만, 큰 그림은 박선자 씨의 입

장에서 정하셔야 해요. 그래야 숨통이 트여요. 끝이 있고 없고
에 따라 인내냐 절망이냐가 나뉩니다. 따님을 많이 사랑하시잖
아요. 미선 씨가 할머니가 되었을 때를 생각해보세요. 미선 씨
도 선을 만든 엄마에게서 교훈을 얻을 테니 절망이 대물림되는
것을 막을 수 있겠죠.

박선자 박사님 말씀 중에 '대물림을 막는다'는 말이 제일 가슴
을 울리네요. 생각해보면 저도 제 엄마 세대의 모습을 답습하
는 것은 아닌지 생각해볼 때가 있거든요. 뭔가 결정을 내리기
힘든 상황에서 '우리 엄마는 어떻게 했지?' 하고 마음속에서
떠올리곤 하니까요. 그래서인지 정말 힘에 부치고, 이건 아니
다 싶으면서도 그냥 넘어가는 경우에는 '팔자'라는 단어가 자
꾸 떠올라요.

팔자타령은
이제 그만

K박사 우리나라 정서상 팔자라는 말씀들 많이 하시죠. 아무리

현실이 힘들어도 바꿀 방법이 없을 때가 있었죠. 역사적으로 그런 아픔이 많았잖아요. 사회 시스템이 유연하지 못해서 개인의 운명을 사회가 쥐고 있던 시절도 있었죠. 그런 시절에는 '팔자소관'이라고 받아들이는 것이, 바꾸지 못해서 견뎌야 하는 고통보다 덜 아플 수 있었어요. 때론 그런 생각이 갈등과 괴로움을 잊고 지낼 수 있는 마취제 역할도 했죠. 그래서 조심스럽게 드리는 말씀인데요….

박선자 잠깐만요! 저, 무슨 말씀 하실지 알 거 같아요. 살면서 최선은 아니지만, 어쩔 수 없이 차선을 선택해야 하는 경우가 있죠. 내 능력 밖의 일이라면, 나이가 들어가는 것이나 큰 병으로 곧 저세상으로 가야 하는 경우라면, 팔자라고 위안을 삼으라는 말씀이죠?

K박사 네! 정확하세요. 팔자는 위로로써 사용해야지, 도망치거나 숨으려는 카드로 꺼내 드시면 안 됩니다. 가능하면 이제 '팔자타령'은 그만하셔야 해요. 바꿀 수 없는 운명도 존재하지만, 그렇다고 해도 자신을 포기해서는 안 되지요. 싫으면 싫다 하고, 아니면 아니라고 하세요. 잠시 동안, 혹은 아주 혹독한 경

우에는 생각보다 오랜 시간 괴로울 수도 있지만, 평생 피해자로 살 수는 없는 일이잖아요.

박선자 아! 참 어렵네요. 이만큼 살았으면 더 바꿀 것도 없다고 믿었는데, 한평생 잘 산다는 것이 쉽지 않네요. 요즘은 재수 없으면 백 살까지 산다던데, 이제 또 다른 시작이긴 하네요. 이제부터라도 우리 예쁜 강아지 다빈이와 착한 우리 딸들 그리고 다른 식구들을 위해 제가 새로운 노력을 해봐야겠어요. 일방적인 희생이 아니라요. 감사해요. 덕분에 무거운 고민을 좀 내려놓고 갑니다. 운명 따위, 제가 만들어 가야죠.

모든 선택이 쉽지는 않겠지만…

"이 끝은 어디일까. 마치 목적지를 모르고 길을 걷고 있는 것은 아닌가 하는
두려움이 엄습했어요. 저를 더욱 괴롭힌 생각은
다른 이들과 내가 다르다는 것이었어요. 저만 낙오자 같더란 말이죠.
낙오는 결국 패배라는 생각에 이르자 도저히 불안감을 떨칠 수가 없었어요."

온갖 어려움을 겪으면서도 진정한 자아를 찾아나선 한 애벌레의 이
야기를 담은 《꽃들에게 희망을》. 1972년 출간 이후 유럽 등지에서
수백만 부가 팔린 이 책의 저자 트리나 폴러스는 1999년 한국어판에
"세상이 꽃으로 가득 차려면 수많은 나비가 필요하다"며 "변화에 맞
서고, 흔히 불행하기 쉬운 혁명을 이해하기 위해 애쓰는 위대한 한국
인들에게 감사하다"는 인사를 남겼다.

아늑한 알을 깨고 나와 무럭무럭 자라던 호랑 애벌레는 그저 먹고 크는 것만이 삶의 전부가 아니라는 생각으로 세상에 나와 바삐 움직이는 애벌레 떼를 마주한다. 그들이 향하는 곳엔 자신이 찾는 것이 있을지도 모른다는 기대로 호랑 애벌레는 대열에 동참한다.

내담자 | 호랑 애벌레, 곤충 (《꽃들에게 희망을》의 주인공)

호랑 애벌레 (의자에 기어오르며) 제가 움직임이 좀 둔해 보이죠. 생긴 것도 다른 내담자와는 많이 다르고요. 신경 쓰이지는 않으세요?

K박사 몸의 줄무늬를 보니 호랑 애벌레이신 거 같네요. 이 상담실에 워낙 다양한 분들이 오셨거든요. 편하게 말씀하세요. 어떤 문제를 상담하시고 싶은가요?

호랑 애벌레 제가 여기 온 이유는 결정을 내리는 것이 너무 어려워서예요. 짬뽕이냐, 짜장면이냐 고르기 힘든 경우를 결정장애 또는 선택장애라고 한다면서요? 저도 선택장애 아닌가 싶어요. 어떤 삶을 살아야 할지 고민이거든요.

K박사 모든 선택이 쉽지는 않죠. 물론 별 생각 없이 척척 해내는 것처럼 보이는 사람도 있지만, 대부분 사람들에게는 어려운 숙제예요. 하나를 선택하는 순간, 다른 하나는 포기해야 하니까요. 특히나 중요한 선택이라면 더욱 힘들 수밖에요. 구체적으로 어떤 선택의 고민인가요? 그리고 가능하면 '장애'를 사회 현상 뒤에 접미사처럼 붙이는 일은 지양했으면 해요. 지나치게 부정적인 이미지를 각인시키면 좋지 않으니까요.

정말 잘 살고 있는 걸까

호랑 애벌레 네. 얼마 전까지 저는 한 가지 목표를 위해 전부를 걸었거든요. 제대로 쉬지도 먹지도 못하고 열심히 살았어요. 열정적이었죠. 하루하루 목표를 이루는 데 최선을 다하니, 정말 잘 산다는 생각이 들었어요. 근데 문득 의문이 생겼어요. 정말 정상에 오르는 것만이 성공일까요? 그곳에는 무엇이 있을까요?

K박사 목표지향적인 삶을 살아왔군요. 목표가 명확하면 삶이

단순해지면서 편안해지죠. 한쪽만 보면 되니까요. 그런데 그 끝에는 무엇이 있는지 모르죠. 참 곤란한 경우지만, 적지 않은 사람들이 같은 고민을 합니다.

호랑 애벌레 적지 않다고요? 저 같은 고민을 하는 사람이 많은 줄은 몰랐네요.

K박사 네. 좋은 대학에 가기 위해 열심히 공부하는 고등학생들은 합격만 하면 성공한 인생을 살 것이라고 믿죠. 하지만 대학은 어찌 보면 시작에 불과하죠. 또 좋은 직장에 취직하기 위해 스펙을 쌓는 데 청춘을 바쳐야 합니다. 그렇게 해서 좋은 직장에 취직하면 정년이 보장되고 노후의 삶이 보장되나요? 그렇지 않지요. 그런데도 불구하고 별다른 의문을 품지 않고 모두들 한 길만 따라가요. 오히려 의문을 품으면 이상한 사람 취급을 받기도 하지요.

호랑 애벌레 그렇다면 저만의 문제가 아니고 사회의 문제인 거죠? 제가 느끼는 고통을 감안하니 무섭기까지 한 현상인데요. 그런데 박사님, 사실 더 큰 문제가 있습니다. 제가 한곳만 보고 올라갔다고 했잖아요. 경쟁의 시대, 야비하지만 경쟁자를 짓밟고 올라서야 했죠. 그래야 살아남아 정상에 도달할 수 있으니까요. 열심히 동료들을 짓밟고 승승장구하고 있었는데, 어느 날 전혀 다른 친구를 만난 거예요. 노랑 애벌레 말입니다. 그녀가 그러더군요. '정말 저 위에는 우리가 찾던 것이 있을까?' 제 고민을 들킨 것 같아 흠칫 놀랐지만, 한편으로는 나와 같은 생각을 갖고 있어서 안심이 되기도 했어요.

K박사 그럼 노랑 애벌레 또한 짓밟고 올라갔나요?

호랑 애벌레 부끄럽지만, 처음엔 그러려고 했어요. 하지만 그럴 수 없더군요. 그녀는 다른 애벌레들과는 달랐어요. 덕분에 잠시 경쟁을 포기하고 삶을 즐길 수 있었어요. 우린 마음 편하게 행복한 시간을 보냈습니다.

K박사 큰 깨달음을 얻었네요. 사실 경쟁을 그만두기 어려운 이유가 비단 뒤처지기 싫다는 집착 때문만은 아니에요. 다른 사람들과 싸우지 않고 살면 얼마나 즐거운지를 망각하고 있기 때문이기도 합니다. 아주 어린 아이들조차 아는 사실 말입니다.

싸우지 않으면 행복하다는 사실.

호랑 애벌레 박사님 말씀이 옳아요. 그런데 또 갈등이 시작됐습니다. 기둥을 오를 때는 미래에 대한 희망을 품고 있었잖아요. 그래서 경쟁의 고통을 견딜 수 있었죠. 그런데 방향을 틀고 나서는 몹시 불안했습니다. 이 끝은 어디일까. 마치 목적지를 모르고 길을 걷고 있는 것처럼 두려움이 엄습하는 거예요. 더욱 저를 괴롭힌 생각은 다른 애벌레들과 내가 다르다는 것이었어요. 주변 친구들, 동료들 모두가 정상을 향해 오르고 있는데, 저만 낙오자 같더란 말이죠. 낙오는 결국 패배라는 생각에 이르자 도저히 불안감을 이길 수가 없었어요. 그래서 기둥 오르기를 다시 시작했죠.

K박사 그럼 노랑 애벌레도 함께 갔나요?

호랑 애벌레 아니요. "무턱대고 행동하기보다는 미심쩍은 채로 그냥 기다리는 편이 더 낫다"고 하더군요. 지금 생각하니 참 현명한 친구였어요. 때로 선택의 기준은 논리가 아니라 직관일 수도 있나 봅니다.

K박사 타인과 다르게 산다는 게 절대 쉬운 일은 아니죠. 내 삶은 내가 결정해야 한다는 당연한 사실을 너무 잘 알고 있으면서도, 우리는 남과 다르게 사는 것에 대해 거부감을 느낍니다. 특히 우리나라 사람들이 그런 성향이 강합니다. 생존을 위협하는 외부 세력의 침입에 맞서려면 단결이 필요하기 때문이었을 거라는 분석도 있긴 합니다. 힘을 합쳐 싸우기 위해 똘똘 뭉치는데 튀면 좋지 않으니까요. 그래서인지 남과 다른 것은 곧 틀린 것이라는 집단 무의식이 있는 듯해요.

호랑 애벌레 맞아요. 저도 정상에 무엇이 있는지, 정상에 오르면 무엇이 좋은지도 모른 채 주변 사람들에 휩쓸려 무턱대고 따라갔잖아요. 그렇게 살면 덜 불안하거든요. 사실은 제가 약해서, 아니 우리 애벌레 모두가 두려움에 약해서겠지요.

K박사 그 불안을 이겨내는 것이 개개인은 물론이고 우리 사회가 극복해야 할 문제입니다. 노랑 애벌레의 직관적 판단은 참

으로 놀랍네요. 주변에 소위 '촉이 좋다'고 불리는 사람들이 있지요. 뇌과학적으로 보자면, 직관은 다른 사람들이 수용할 수 없는 정보를 나름의 방법으로 풀어간 결과라고 합니다. 그래서 직관이 뛰어난 사람들은 남들이 지각할 수 없는 감각과 남과는 다른 사고의 흐름을 갖고 있어서 논리적인 판단과는 다른 결과에 도달하기도 하죠. 아쉽게도 직관적인 사람들은 스스로 어떻게 그런 생각을 해내는지 잘 모르죠. 또 비논리적이라는 이유로 배척당하기도 하고요. 남과 다른 지각과 사고를 갖고 있다고 무조건 특출한 것은 아니니까요.

호랑 애벌레 좀 어렵네요. 느낌으로 선택하는 것이 때로 맞을 때도 있지만, 그게 늘 올바르지만은 않다는 뜻이죠? 어떻게 하면 직관적 판단과 논리적 판단의 균형점을 찾을 수 있을까요?

K박사 좋은 질문입니다. 이렇게 하면 어떨까요? 자신이 다소 논리적인 사람이라면 자신의 느낌에 좀 더 충실해보는 겁니다. 또 직관적인 사람이라면 판단을 내리기 전에 객관적 증거를 찾아보는 것이지요. 그래서 다시 시작한 기둥 오르기는 어땠나요?

호랑 애벌레 참 바보 같은 짓이었어요. 다시 죽을 둥 살 둥 올라간 곳에는, 아무것도 없었습니다. 똑같이 생긴 수천 개의 기둥만 내려다보일 뿐이었어요. 속았다는 생각이 들면서 분노가 치밀었어요. 여태껏 쏟은 시간과 노력이 물거품이 됐으니까요. 엄청난 허탈감이 몰려왔죠. 차라리 죽고 싶었어요.

K박사 옳다고 믿고 최선을 다한 삶이 실은 헛수고였다니, 많이 힘들었겠네요. 엄청난 상실감이 따랐을 거예요. 실제로 20대 후반에서 30대 초반 내담자 중에 좋은 대학, 좋은 직장에 다니지만 자신은 껍데기뿐인 인간이라고 자책하는 분들이 적지 않아요. 그분들은 한결같이 말합니다. '한 번도 내가 걸어왔던 삶의 행로에 대해 의심을 품어본 적이 없었다'고. 그 길이 반드시 옳고 정답이라는 확실한 증거도 없이 말이죠. 하지만 어쩌겠어요. 부모도, 학교도, 직장이나 사회에서도, 자신의 삶에 대해 진지하게 고민할 시간을 충분히 준 적이 없잖아요.

호랑 애벌레 제게 다시 기회가 찾아올까요?

K박사 그럼요. 늦게라도 진지하게 인생과 자아실현에 대해 고민을 해본다면, 지금과는 다른 삶을 살 수 있어요.

호랑 애벌레 정말 그럴 수 있을까요? 갑자기 멍해지네요. 제가 진정 원하는 것은 무엇일까요. 선택을 잘하는 애벌레가 되고 싶어서 상담을 왔는데, 얘기를 나누다 보니 저는 제가 진정 원하는 것이 무엇인지조차 모르고 살았네요.

K박사 상담을 통한 발전이 있네요. 상담은 해답을 주는 행위가 아니거든요. TV에서 보는 상담 장면에서는 '이렇게 해라, 아니면 저렇게 해라'는 답이 제시되잖아요. 물론 예능 프로그램이니까 자극적인 재미 요소가 필요해 그러겠지만, 그런 게 진정한 의미의 상담은 아니죠. 그렇게 답을 주는 것은 '조언'이죠. 조언은 고민을 듣고 해결하고자 하는 사람의 머릿속에서 나옵

니다. 하지만 심리적인 변화를 목적으로 하는 상담은, 물론 조언을 하기도 하지만, 스스로 해결하도록 돕는 것이 주목적이에요. 답은 주지 않아요. 같이 고민하고 해결하려고 애쓰지요. 그런 측면에서 자신의 고민에 대해 의문을 갖게 되었다는 것은 좋은 진전입니다.

호랑 애벌레 그렇게 말씀해주시니 힘이 나네요. 이제부터라도 내가 원하는 삶이 무엇인지 집중해봐야겠어요. 구체적으로 어떤 삶을 원하는지 알고 난 후에, 어떻게 살 것인지 선택을 해야겠어요. 그렇게 되도록 도와주실 거죠?

K박사 그럼요. 남을 돕는 일이 제가 원하고 선택한 삶인 걸요.

작든 크든 약속에는
책임이 따릅니다

"정도의 차이일 뿐, 살면서 누구나 다 하는 거짓말인데….
그게 죄는 아니잖아요?"

"정직하게 살라"는 할머니의 유지를 받들어 '약속을 지키는 서민의 일
꾼'을 캐치프레이즈로 내걸고 21대 총선에 나선 대한당 현탄갑 기호
1번 주상숙 후보. "사람만 안 죽이면 당선될 인니" 소리를 들으며 4선
성공은 무난하겠다 싶었는데, 입만 열면 술술 나오던 출중한 거짓말
능력이 하루아침에 사라져버렸다. 선거일을 코앞에 두고 정치 인생
최대 위기를 맞은 주상숙이 상담실을 찾았다.

내담자 | 주상숙(女), 정치인 (영화 〈정직한 후보〉의 세상 가장 솔직한 정치인)

삶은 선택의 연속, 어떻게 선택해야 후회가 없을까?

박 보좌관 박사님께서 이 지역 최고의 명의라는 소문을 듣고 저희 후보님을 모시고 왔습니다.

주상숙 아니 박보! 가장 가까운 병원이라 오는 거라며. (자기 입을 막으며) 아우 이놈의 진실의 입! 박사님, 말이 뇌에서 나와야 하는데 장에서 막 튀어나가는 기분이에요. 괄약근 조절이 안 돼요.

K박사 그게 무슨 말씀이신가요?

주상숙 믿기지 않으시겠지만, 제가 갑자기 거짓말을 못하게 됐어요. 병원도 가보고 침도 맞아보고 심지어 굿까지 해봤는데 답이 없네요. 이게 큰 병일까요? 제가 지금 여기서 이러고 있을 상황이 아니거든요. 선거가 바로 다음주 수요일인데….

K박사 한창 바쁘실 시기겠지만, 조금만 여유를 갖고 이야기를 나누었으면 해요. 상담을 서두른다고 해서 문제가 더 빨리 해결되지는 않으니까요. 그럼 내담자께서는 원래는 거짓말을, 흠흠, 이렇게 말씀드리니 좀 이상하게 들리실 수 있지만, 거짓말

을 자주 하셨나요?

주상숙 네, (입을 막으며) 아니, 이렇다니까요. 세상에 자기가 거짓말쟁이라고 실토할 정치인이 어디 있겠어요. 정치라는 게, 그렇잖습니까. 상황에 따라 필요한 거짓말도 있잖아요. 그런데 도통 입이 통제가 안 되니 거리 유세도 못하고 유권자들 앞에 나설 수가 없어요. 제발 거짓말 좀 하게 해주세요. 이번 선거만 잘 치를 수 있게 도와주시면, 내가 앞으로 박사님 병원 홍보는 책임져 드릴게.

K박사 하하하. 말씀만으로 고맙지만, 그건 제가 알아서 하겠습니다, 후보님. 많은 사람들이 경우에 따라 거짓말로 불편한 상황을 모면하려 듭니다. 그래서인지 거짓말에 대한 연구나 책이 적지 않습니다. 어느 다큐멘터리를 보니 보통 사람들은 하루 평균 3번의 거짓말을 한다고 하고요. 또 어떤 책에서는 하루 평균 200번을 한다고도 합니다. 최근 뉴스를 보니 미국 대통령은 하루 10여 차례 거짓말을 한다고도 하고요.

주상숙 미국이나 우리나라나 세계 어느 나라 정치인이라도 비숫하지 않을까요? 사람들은 아주 빈번하게 팩트는 놓치고 이미지만 기억한다지 않습니까. 그게 정치심리학적으로…. 있어 보이게 말하고 싶은데, 실은 오며가며 주워들은 이야기라…. (다시 입을 막는다.)

K박사 뭐 어떻습니까. 편안하게 말씀하세요. 상담이야말로 거짓말이 결코 도움이 안 되거든요. 누가 얼마나 거짓말을 하는지 정확히 알긴 힘들겠지만, 적어도 '누구나 거짓말을 한다'는 말은 반박하기 힘들 것 같습니다. 만약 거짓말을 진화의 산물로 본다면, 다시 말해 거짓말이 생존에 필요하기 때문에 존재한다고 가정한다면, 거짓말을 못하는 것이 병이라고까지는 할 수 없더라도 결코 평범한 일은 아닌 거 같습니다. 아주 불편하시겠어요.

주상숙 박사님이 이해해주시니 마음이 좀 놓이네요. 그런데 병이 아니라면, 약도 없겠네요? 다른 병원에 갔더니 못 고친다는 얘기를 아주 느리고 길게 하더니 약부터 먹어 보라더라고요.

K박사 치료가 가능한 '거짓말 못하는 병'이 몇 가지 존재합니

다. 우선, 강박적인 사람들 중에는 거짓말을 하는 것이 굉장히 부담스러운 경우가 많지요. 빈틈이 없고 곧이곧대로 되지 않으면 불편한 성품이라, 만약 거짓말을 하게 되면 양심에 찔려서 불안해집니다. 분석적으로 볼 때 강박의 원인은 '과대초자아'에 있거든요.

주상숙 초자아는 어디서 들어본 거 같은데, 과대초자아는 뭔가요?

K박사 초자아는 프로이트의 성격이론에 나오는 인간 성격의 구성요소 중 하나예요. 이드라 불리는 구조가 성욕이나 공격성 같은 인간의 본능적인 욕구를 말한다면, 그 정반대라고 할수 있는 초자아는 도덕성과 통제를 담당하죠. 자아는 현실에 근거해서 이드와 초자아가 충돌하는 것을 막고요. 그런데 성장하면서 초자아가 자아나 이드보다 과도하게 커지면, 다시 말해 과대초자아가 되면, 강박적인 성격이 될 수 있어요. 그래서 강박적인 사람들은 거짓말을 할라치면, 초자아가 양심과 도덕관을 발동시켜서 다른 사람들보다 더 많이 죄책감을 느끼거나 불안해질 수 있는 거죠.

주상숙 저는 강박적인 성격은 아닌 거 같으니, 상관이 없을 것 같고요. 거짓말 못하는 다른 병이 또 있나요?

K박사 충동 조절이 안 되는 경우에도 마음속 진심이 필터링 없이 튀어나올 수 있어요. 예를 들어, ADHD라는 병은 '주의집중력결여 과잉행동증'이라고 하는데요, 말 그대로 주의집중이 안 되고 행동이 부산한 병입니다. 근본적인 원인으로는 충돌 조절의 어려움이 있습니다. 그래서 생각을 하면 그게 바로 말로 튀어나오기도 합니다. 성인 ADHD를 포함해 최근 많이 증가하는 병이에요. 그런데 ADHD인 사람들이 꼭 거짓말을 못 한다고는 할 수 없어요. 만약 무엇인가 목적이 생기면, 충동 조절이 안 되니 거짓말을 술술 쏟아내기도 하거든요.

반복되는 거짓말은
인성도 바꾼다

주상숙 박사님, 술 취해서 하는 말이 진심이라고들 하잖아요. 맞는 얘긴가요?

K박사 그렇다고도, 아니라고도 할 수 있습니다. 술을 마시면 뇌를 둘러싸고 있는 바깥쪽 조직인 대뇌피질이 마비됩니다. 대뇌피질은 하등동물에는 없거나 덜 발달해 있는 부위죠. 이 부위가 이성적이고 논리적인 제어의 역할을 하는데, 그것이 마비되니까 마음속에 있는 이야기가 다 쏟아져 나오죠. 술 안 취했을 때는 듣도 보도 못한 일들이 벌어지죠. 그래서 '아, 이게 진심인가 보다' 착각할 수 있을 거에요. 근데 진심은 본능만으로 구성될 수 없어요. 이성적인 면이 마비되기 전에 보았던 모습을 이해하는 데 도움이 되는 것은 확실하지만, 결코 술에 취해 떠벌리는 이야기나 행동이 진심의 전부는 아닙니다.

주상숙 이해가 될 것 같기도 하고, 아닌 것 같기도 하고. 아무튼, 그래서 거짓말 못 하는 병은 치료가 되나요?

K박사 강박장애나 ADHD나 거짓말을 못 하는 원인이 병적인 경우라면, 당연히 치료로 호전될 수 있습니다. 하지만, 반대로 거짓말을 자주 하는 병이 더 문제이긴 하죠. 예를 들어 사이코패스나 소시오패스는 밥 먹듯이 거짓말을 할 수 있어요. 자신의 목적을 성취하기 위해서는 다른 사람의 희생쯤은 아무렇지

도 않게 여기고, 후회나 죄책감이 없는 것이 그들의 특징이니까요.

주상숙 초자아가 형편없이 작겠군요.

K박사 그렇다고 할 수 있어요. 허언증 환자도 여기에 속하겠죠. 자신을 돋보이게 하려고 거짓말을 해대는 사람들이죠. 정신의학적인 질병으로 따지자면, 뮌하우젠 증후군^{Münchausen Syndrome}을 예로 들 수 있어요.

주상숙 뮌하우젠이라…. 나만큼 유명한 사람 이름인가요?

K박사 맞습니다. 뮌하우젠은 18세기 독일 관료였어요. 워낙 허풍쟁이라 스스로를 돋보이게 하려고 있지도 않은 일들을 마치 진짜처럼 떠벌렸다는군요. 허언증이 심했죠. 그런데 드물기는 하지만, 실제 임상에서 아프지도 않은데 아프다고 거짓말을 하는 병이 있어요. 정신의학의 영역에서는 인위성장애^{factitious disorder}라고 부릅니다.

주상숙 군대를 안 가려고 가짜 병을 만드는 경우도 같은 케이스인가요?

K박사 유사하기도 하고 다르기도 합니다. 인위성장애는 의도적 목적이 불분명해요. 이차적으로 무의식적인 목적이 숨어 있기도 하지만요. 스스로 정말로 병이 있다고 믿고, 심지어 그런 환자의 주장에 속아서 수술을 하기도 합니다. 그런데 군대를 안 가려고 거짓으로 병을 만드는 것은 말 그대로 '꾀병'이죠. 인위성장애와는 달리 군복무 회피라는 확실한 목적이 있지요. 만약 수술을 통해 원인을 찾아보자고 권유한다면, 대부분 거절할 걸요. 사족이지만, 병역의무를 회피하려고 만드는 꾀병은 법적 처벌을 받게 되어 있고요.

주상숙 박사님, 정치를 하다 보니까 좋든 싫든 거짓말쟁이가 되더란 말이죠. 선거라는 것이 무조건 이기고 봐야 되는 거잖아요. 일단 당선되어야 제가 유권자와의 약속을 지킬 거 아닙니까. 그러니 사실에서 크게 벗어나지 않거나, 확실히 거짓이라고 판명되지 않는다면, 표를 얻기 위한 발언을 하게 되는 거죠. 그 상황에서는 적어도 진심이거든요. 당선 이후에 이런저런 사정으로 공약(公約)이 공약(空約)이 되어버릴 수 있지만, 살다 보면 그럴 수 있는 거 아닌가요.

K박사 일리가 있는 말씀입니다만, '어쩔 수 없이 못 지킨 약속이니 거짓말은 아니다'라는 주장은 논란의 여지가 있겠죠. 그에 반해 '약속을 못 지켰으니 책임을 져야 한다'는 것은 너무도 명백한 정치인의 의무 아닌가요.

주상숙 제가 하루아침에 '팩트 폭격기'가 되면서 정치 인생 이대로 끝낼 거냐는 얘기를 많이 듣는데요. 솔직한 게 죄는 아니잖아요. 하지만 정치판에서는 죄가 될 수 있겠더라고요.

K박사 좀 더 생각해봅시다. 처음 거짓말을 할 때는 초자아의 꾸지람에 후회를 하고 반성도 합니다만, 반복되는 거짓말은 인성을 바꿔 놓습니다. 양심의 가책에 대한 역치가 상승하죠. 즉, 웬만큼 큰 약속 위반이 아닌 한, 거짓말을 해도 점점 더 거리끼는 느낌이 없어지는 겁니다. 약속 위반이 반복된다면, 느끼고 사고하고 판단하는 인격의 기능이 손상됩니다. 더구나 인격이 바뀌어버리면, 안타깝게도 치료가 쉽지 않습니다.

주상숙 그럼 뭐가 나쁜가요? 그 치료 안 된 분들이 떵떵거리면서 잘만 살고 있는 걸요.

K박사 정말 거짓말을 못 하시는군요. 후보님 캐치프레이즈가 '약속을 지키는 서민의 일꾼'이잖아요. 이참에 후보님의 탁월한 능력을 작정하고 발휘해보는 건 어떨까요? '거짓말은 1도 못 하는, 가장 솔직한 정치인'이라고 내거는 겁니다.

주상숙 이거 애초 의도와는 아주 다른 방향으로 가는 것 같지만, 어쩐지 솔깃하네요. 그런데 정말 거짓말 안 하고 살 수 있을까요?

K박사 모순이라고 또 역정 내실 테지만, 완벽히 진실하게 사는 것은 불가능합니다. 살다 보면 상황을 회피하기 위해서 또는 작은 이익을 위해서 거짓말을 하죠. 저 또한 거짓말을 하고 싶니다. 그러나 타인에게 해를 끼치는 거짓말은 절대 해서는 안

되지 않을까요. 작든 크든 약속은 책임이 뒤따른다는 것을 잊지 말아야 하고요. 개인적인 소망이 하나 있는데요, 제발 국민을 위한다는 말은 진심이었으면 합니다. 그 약속에는 반드시 책임을 져야 하고요.

주상숙 아유, 그거야 (입을 손으로 막고 눈치를 보며) 잘 아시면서!

아는 것이 많을수록
행복해집니다

"정말 가족이 있어야 행복해질까요?
요즘 저를 돌아보면, 차라리 결혼을 안 했으면 좋았겠다는
생각이 들거든요."

김상식·이진숙 부부의 3남매 중 장녀. 가족의 마음을 잘 살피는 둘째 은희와 달리 자존심 강하고 모두에게 냉정한 성격이다. 명문대를 졸업하고 변리사로 일하다 의사 집안 장남 태형과 결혼해 전업주부로 평범하고 행복한 가정을 꿈꿨다. 언어은 임신 실패로 남편과 거리를 느끼던 어느 날 남편의 아주 오래된 비밀을 알게 됐다.

내담자 ｜ 김은주(女), 전업주부 (드라마 〈아는 건 별로 없지만 가족입니다〉 맏딸)

삶은 선택의 연속, 어떻게 선택해야 후회가 없을까?

김은주 가슴이 답답해서 왔어요. 아니, 가슴이 찢어질 거 같아요. 잠도 못 자요. 주체할 수 없이 눈물이 흐르기도 하고요. 스스로 생각하기에 아주 이성적인 사람이고, 온갖 힘든 상황도 혼자 힘으로 다 이겨낸 사람인데, 제가 이렇게 무너질 줄은 몰랐어요.

K박사 많이 힘들어 보이네요. 언제부터인가요? 무슨 이유가 있을까요?

김은주 (잠시 침묵) 남편이 동성애자라는 걸, 얼마 전에 알게 됐어요. 저는 제가 좋은 가족을 꾸릴 줄 알았어요. 만나서 사랑하고, 결혼하고…. 그리고 아이를 갖기 위해 부단히 노력했어요. 그런데 이상하게 남편이 비협조적이더라고요. 정말 몰랐죠. 어떻게 그럴 수 있죠? 어떻게 뻔뻔하게 저와 결혼을 할 수 있었을까요?

K박사 가장 신뢰를 줘야 할 남편이 그랬다니 배신감이 들었겠습니다. 화가 나실 만해요.

김은주 그건 다 말로 할 수 없어요. 처음엔 배신감에 몸서리쳐지다가 나중에는 좌절감이 생기더라고요. 내가 못났나 보다. 어떻게 그걸 눈치채지 못했을까…. 잘 설명할 수는 없지만, 왜 티가 난다고 하잖아요. 지금은 그냥 제가 큰 잘못을 저지른 것만 같아요.

K박사 남편의 행동이 문제지, 은주 씨가 무슨 잘못이 있나요? 은주 씨가 남편의 성 정체성을 몰랐다는 게 잘못은 아니죠. 결혼할 상대라면 당연히 미리 이야기를 했어야 하는데, 그러지 않은 남편의 잘못입니다. 그런데 남편은 무슨 생각으로 숨기고 결혼을 했을까요?

타인 같은 가족,
가족 같은 타인

김은주 제가 보기에 시어머니와 남편의 관계는 어떻게 보면 주종관계고 어떻게 보면 상호의존적인 관계예요. 어머니는 아들에게 절대 복종을 원하고, 아들은 어머니를 전적으로 신뢰하는…. 언뜻 보면 이상적이지만, 당사자인 남편 입장에서는 집이 마치 감옥 같았나 봐요. 그래서 가족들과 떨어지고 싶었는데, 유일한 방법이 결혼이었을 거예요. 제 추측이긴 하지만 틀리지 않을 거예요. 제가 이용당한 거죠.

K박사 은주 씨는 왜 그 남자와 결혼하려 했죠?

김은주 저 역시 가족에 대해 고민과 갈등이 많았어요. 집을 떠나고 싶어서 결혼을 서둘렀다는 걸 부정하지는 않겠어요. 서둘다 보니 실수를 한 거죠. 두 사람 모두 가족을 떠나고 싶었고, 그때는 서로 사랑한다고 믿었어요. 남편은 직업이 의사고 저 또한 전문직이었기 때문에, 우리는 아주 행복한 가족을 만들 수 있다고 확신했거든요.

K박사 후회를 해도 소용이 없겠지만, 과거는 결국 미래를 위한 것이니 제가 한 말씀 드리자면요. 결혼의 목적이 결혼 자체가 아닌, 다른 것이라면 불행해지기 쉬워요. 물론 사람마다 결혼의 또 다른 목적이 있을 수는 있겠지만, 그 부가적인 목적의 가치가 지나치게 크다면 곤란합니다. 지긋지긋한 현실을 탈출하

기 위해 결혼했다면, 처음에는 목적을 이루었으니 만족스럽겠죠. 하지만 어떤 선택이든 대가가 따르게 마련이죠. 흔히들 경험하는 남편 또는 시댁과의 갈등으로 인한 심적 고통 같은 것 말이에요.

김은주 남편이 제게 그러더군요. 그렇게 가족이 지긋지긋하면서, 왜 또 가족을 만들려고 하느냐고요. 제 결혼의 목적이 원가족으로부터의 탈출이었다고 해서 제가 내 가족을 만들면 안 되는 것일까요? 정말 잘못된 건가요?

K박사 반드시 그렇지는 않아요. 가족이 너무 싫어서 죽어도 결혼은 안 하겠다는 비혼주의자도 드물지 않죠. 하지만 반대의 경우도 있어요. 가부장적인 아버지가 싫어서 정말 다정다감한 남편을 찾기도 하는 것과 마찬가지입니다. 가족 때문에 많이 힘들고 괴로웠다면, 마음에 품고 있는 이상적인 가족과 비교하는 심리도 한몫하는 것입니다. 그래서 나만의 행복한 가족을 원하게 되죠. 여기에는 '가족은 행복'이라는 학교와 사회에서의 학습 또한 큰 영향을 줍니다. 내 가족을 만들고 싶다는 은주 씨 생각이 잘못된 것은 결코 아니에요.

김은주 아, 감사합니다. 제 마음이 그랬어요. 결혼을 하고, 아이를 낳고, 그래서 가장 행복한 가족을 만들어보고 싶었어요. 그런데 정말 가족이 있어야 행복해질까요? 요즘 저를 돌아보면, 차라리 결혼을 안 했으면 좋았을 텐데 하는 생각이 들거든요.

K박사 놀랍게도, 인간의 행복을 좌지우지하는 가장 중요한 조건이 바로 결혼입니다. 물론 예전의 연구 결과이니, 현시점에서 반드시 옳다고만 할 수 없지만요. 전통적으로 인간관계 중 제일 중요한 것이 부부 사이이니까요. 결혼을 하게 되면, 자신의 흉금을 다 털어놓을 수 있고, 조력자로서 함께 인생을 짊어질 수 있다는 전제에서요. 요즘 보면 반드시 그렇다고는 못하겠죠. 결혼하고도 불행한 사람이 넘쳐나고, 결혼하지 않고도 즐겁게 사는 사람들이 많으니까요. 개인적으로 요즘은 서로 존중하고 신뢰할 수 있는, 그래서 가장 친밀한 관계를 지속할 수 있는 관계가 행복의 가장 중요한 조건이 아닐까 생각해봅니다. 물론 그 관계가 전통적인 부부의 틀에 놓여 있다면 보다 안정

적이기는 하겠죠.

김은주 박사님, 그럼 전 어떻게 할까요? 뭔가를 바꾸기 위해 노력하기엔 제가 이미 지쳐버린 것 같아요. 현 상태를 그냥 유지하면 어떨까요? 이 나이에 혼자가 된다는 것도 무섭고, 우리 사회에서 이혼녀는 밑도 끝도 없이 죄인 취급하잖아요. 이혼이 부담이 아니라면 거짓말이에요. 엄청 큰 두려움입니다. 그래서 망설여져요. 사실 섹스리스 부부도 많다고 들었어요. 그냥 부부 행세만 하고 살면 힘들까요?

K박사 왜 두렵지 않겠어요. 사회적 편견과 싸우는 일은 절대 쉽지 않죠. 또 섹스리스 부부가 늘어나는 것도 사실이에요. 섹스리스는 1년에 10회 미만, 한 달에 1회 미만 잠자리를 갖는 경우를 말합니다. 연구에 따라 다르지만, 30퍼센트 전후의 우리나라 부부들이 섹스리스라고 합니다. 은주 씨 말대로, 그런 상태로 부부처럼 살 수도 있겠죠. 하지만 행복한 부부가 되기는 힘들죠. 섹스란 단순한 본능의 산물만이 아닙니다. 아이를 낳는 생물학적인 목적도 있지만, 감정을 나누고 친밀감을 유지하는 중요한 소통의 수단이거든요.

김은주 그럼, 이혼하라는 말씀인가요?

K박사 선택은 은주 씨의 몫이에요. 여러 가지 이성적인 판단을 거치면, 이혼을 하는 것이 더 옳다고 보죠. 그렇지만 다양한 이유 때문에 그렇게 못 할 수도 있어요. 중요한 건, 어떤 선택을 하든, 만약 결혼을 유지하는 쪽을 선택한다 해도 부디 과거의 실수를 반복하지 않도록 노력했으면 한다는 겁니다. 도망치기 위한 선택은 가짜이니, 결국 현실을 왜곡되게 할 가능성이 큽니다. 용기 있게 스스로를 위한 선택을 하세요.

착한 딸 콤플렉스에서

벗어나고 싶어

―――

김은주 고민이 꼬리에 꼬리를 무네요. 가장 중요한 선택을 해야 하는 시점이잖아요. 그런데 자꾸 친정이 걸려요. 맏이라서, 부모님이 더 많이 실망하고 속상해하실 거 같아요. 가족으로부터 떨어지고 싶었던 이유 중 하나가…. 짊어진 책임이 너무 컸기 때문이거든요. 장녀지만, 사실 그냥 어쩌다 보니 먼저 태어난 것일 뿐이잖아요. 제가 원한 것이 아니라고요. 그럼에도 불구하고 양보하고 책임지고 희생해야 하나요? 그래야 착한 딸인가요?

K박사 상담 오시는 분들 중에 가족의 문제를 갖고 있는 분들이 많습니다. '설마' 하실 수도 있지만, 세상에는 남보다 더한 부모 형제도 많습니다. 요즘 뉴스를 보세요. 자식을 학대하다 못해 저세상으로 가게 하는 짐승 같은 부모들도 있죠. 그 정도는 아니라도, 교육이라는 이름으로 심하게 체벌하고, 아들 선호 사상에서 벗어나지 못해 딸자식을 지나치게 차별하는 경우가 아직도 적지 않아요. 어른이 되어도, 자식의 삶을 저당 잡아놓고 자신들의 삶을 유지해나가는 부모도 있고요. 또, 마치 형제는 모든 것을 나누어야 하는 것처럼 경제적으로나 심리적으로 의존도가 지나친 경우도 있죠. 사실 이런 경우 최고의 명약은 '독립'입니다. 어쩌면 유일한 치료제일 수도 있고요. 그러니 은주 씨가 가족을 떠나고 싶었던 것은 당연한 일이지 싶습니다.

김은주 저처럼 결혼이라는 비상대책을 사용하는 사람이 적지 않을 겁니다. 생각해보면, 결국 마지막까지 착한 딸로 남고 싶어서 그랬던 거 같아요. '저 집 딸은 가족과 사이가 안 좋아서 나가 살아'보다는 '부모가 잘 키워서 시집보냈어'라는 말을 듣게 하고 싶었던 거죠.

K박사 은주 씨의 결정 이해합니다. 문제는 그런 결혼의 불행한 결과도 오롯이 스스로가 짊어져야 한다는 데 있죠. 아직 기회가 있다면, 가족들에게 자신의 상황과 마음을 당당하게 말하기를 권하고 싶습니다. 세상 제일 소중한 것은 나라는 걸 표현해주었으면 좋겠어요. 그래야 착한 딸 콤플렉스에서 벗어날 수 있어요.

김은주 짐작하셨겠지만, 친정도 그리 화목한 가족은 아니에요. 부모님 관계도 요즘 상당히 심각한 상태고요. 형제들과도 다툼이 좀 있었어요. 나이가 들어서 알게 된 사실이지만, 가족끼리 화목하지 않은 집들이 적지 않더라고요. 친구들의 그런 고백을 들었을 때, '우리 집만 그런 게 아니구나' 하는 위안도 되었지만, 너무 슬퍼지더라고요. 가장 오랜 시간을 나눈 부모 형제가 가장 편안한 관계가 되어야 하는 거 아닌가요?

K박사 세상이 많이 바뀌고 있지만, 아직까지 가족이 모두에게 가장 중요한 가치인 것은 변함이 없어요. 탄생, 생존, 성장 등 인생의 과정 중 많은 부분을 가족과 함께하잖아요. 부모 형제가 편안하고 안정되면, 당연히 우리의 삶도 행복해질 확률이 높죠. 그런데 모두가 쉽게 착각하는 것이 있어요. 가족이란 존재가 반드시 행복과 동의어는 아니라는 사실이지요.

김은주 저의 경우처럼 '아는 건 별로 없어도' 생물학적으로 가족은 이루어질 수 있죠.

K박사 네, 가족이라고 해서 무조건 정신적으로도 끈끈한 유대를 가질 수 있는 것은 아니지요. 서로에 대해 더 많이 알고, 그래서 더 많이 이해할 수 있어야 행복한 가족이 될 수 있습니다. 아는 것이 많을수록 행복한 가족이 되지요. 그러니 정말 가족의 행복을 원한다면, 더 많이 이해하고 소통하고 더 많이 사랑해야 합니다.

김은주 허심탄회하게 소통하지 못했으니, 이해도 사랑도 부족할 수밖에 없던 거네요.

K박사 가족의 행복은 어쩌다 얻게 되는 선물이 아니랍니다. 행복해지고 싶다면 노력해야죠. 세상의 모든 행복은 노력의 결과니까요.

내가 행복해지는,

나를 위한 선택을 하는 법

삶은 선택의 연속이다.

무슨 옷을 입을까, 무엇을 먹을까 하는 일상의 문제에
서도 선택은 존재한다. 또한 직장을 그만두고 창업을
해야 할지, 오랜 기간 사귀던 애인과 이제 결혼을 해야
하는지 등의 중대한 선택도 있다. 우리는 늘 선택의 기
로에 서게 된다. 물론 자연의 법칙이나 우주의 원리와
같이 인간으로서는 거스를 수 없는 선택 불가능의 영역
도 있지만 말이다.

좀 더 행복한 삶을 살자면, 현명한 선택을 해야 하는 것
은 당연하다. 자신에게 득이 되는 선택을 하면 된다. 그
런데 어떤 것이 올바른지 심사숙고해도, 우리는 인간이
니까, 잘못된 선택을 할 수도 있다. 한두 번의 선택 실

수? 괜찮다. 다행히 우리 삶은 그리 짧지는 않으니까 만회할 기회는 얼마든지 있다. 문제는 양가감정이 개입했을 때다. 누구나 그렇지 않은가? 예쁜 케이크는 보기에도 좋지만 군침이 돌아 먹고 싶다. 먹으면 없어지고, 보고만 있자니 먹을 수 없다.

심학규 씨는 재혼의 고민에 빠졌다. 그의 삶을 돌아보면, 사람을 믿는 것만큼 힘든 일도 없을 것이라 짐작할 수 있다. 그런데 결혼은 서로를 신뢰하는 데서 시작해야 한다. 선택의 고민에 빠질 수밖에 없다. '다시금 인간을 믿어볼 것인가, 아니면 삶의 경험대로 홀로 외톨이가 될 것인가.' 박선자 할머니의 선택은 우리 사회의 일반적인 현상에 속한다. 오늘도 수많은 할머니들이 손주 양육의 즐거움과 고통의 양가감정에서 정서적 어려움을 호소한다. 이 경우에는 내가 책임질 수 있는 한계를 설정하는 것이 무엇보다 중요하다.

호랑 애벌레는 선택의 가치를 가장 잘 보여준 케이스다. 많은 사람들이 선택하는 것이라고 해서 언제나 올바른 것은 아니다. 그에게서 배운(실제로 상담 중에 많은 것을 배운다) 교훈 중 하나는 서로 다르다는 것을 인정하는 부분이다. 현명한 선택을 위해서 차이를 받아들이는 것은 아주 큰 도움이 된다. 주상숙 씨의 사례는 다소 가벼워 보이지만 현실에 비추어보면 아주 심각한 일이다. 정치인들의 거짓말이 용납되는 사회는 불행할 뿐이니까 말이다.

은주 씨의 선택은 실수일까, 실패일까? 결혼만 놓고 보면 실패라고 할 수도 있지만, 그녀의 인생 전체를 보자면 한때의 실수일 뿐이다. 실수를 한 그 선택의 이유를 잘 이해하고 문제를 깨닫는다면, 그녀의 삶은 더 행복한 방향으로 흐를 것이 분명하다.

어떻게 선택해야 후회가 없을까? 좋은 선택이란 무엇일까? 답은 의외로 어렵지 않다. 자신을 위한 선택을 하면 된다. 그런데 살다 보면 이 순간이 선택의 순간인지 모르고 넘어가는 경우가 적지 않다. 늘 하던 대로 하는 습관은 무섭다. 생각 없는 선택은 결과가 어떻든 장기적인 측면에서는 부정적이다. 결국 행복하게 살려면, 선택이 잘되고 못되고의 문제도 중요하겠지만, 선택의 순간이 언제인지 확실하게 아는 것이 필수적이다.

선택이 없는 삶이란 존재하지 않는다. 혹시 당신의 삶이 선택의 기회마저 없는 엉망진창이라고 느낀다면, 잊지 말아야 한다. 조만간 선택의 기회는 틀림없이 올 것이고, 그 순간을 놓치지 말기를!

3부

인간은 쉽게 무너지지 않아,
무기력과 상실감에서 벗어나려면?

이별과 상실은
축복이기도 합니다

"앤디와 언젠간 헤어질 운명인 줄은 알았지만
받아들이기가 쉽지 않아요. 혹시 남들보다 이별이나 상실을
잘 극복하지 못하는 사람이 따로 있나요?"

한때는 활기찬 꼬마 앤디의 '최애' 장난감이었다. 앤디의 작은 방을
넘어 장난감 친구들과 신나는 모험을 펼치던 즐거운 시절도 훌쩍 지
났다. 더 이상 장난감을 찾지 않는 대학생이 된 앤디를 떠나 씩씩한
소녀 보니를 두 번째 친구로 맞았으나, 호시절은 눈 깜짝할 사이 끝났
다. 이젠 구닥다리 장난감이 된 우디는 온 맘을 다해 사랑한 친구와
의 이별이 너무 어렵고 힘들다.

내담자 | 우디(男), 장난감 (영화 〈토이 스토리〉의 카우보이)

인간은 쉽게 무너지지 않아, 무기력과 상실감에서 벗어나려면?

우디 박사님, 혹시 장난감과 상담해본 적 있으세요?

K박사 불행히도 없습니다만, 상담은 누구에게나 필요하죠. 워낙 유명하신 분이라 이야기는 많이 들었습니다. 저도 유명인 상담 경험은 좀 있으니, 믿고 맡겨보세요. 실은 제가 1995년부터 우디 씨 팬입니다.

우디 하하하. 되게 옛날 사람, 아니 옛날 장난감처럼 느껴지네요. 그때만 해도 제가 아이돌 취급을 받았는데 요즘은 집착돌 취급을 받아서요. 내가 뭐가 잘못됐나 싶어서 찾았습니다. 제 첫 번째 친구 앤디 아시죠?

K박사 그럼요. 지금 발바닥에 희미하게 남은 글씨가 '앤디^{ANDY}'죠?

우디 역시, 알아보시는군요. 앤디와 저는 '절친'이었습니다. 간혹 장난감과 아이들의 관계를 주종관계로 표현하기도 하는데, 저는 한 번도 그렇게 생각해본 적이 없습니다. 어느 관객이 "우디는 앤디의 볼 것 못 볼 것 다 봤겠네?"라고 하던데, 맞는 이야깁니다. 그게 친구잖아요. 앤디의 첫사랑, 첫 퇴짜, 첫 성공, 첫 실패…. 다 지켜봤답니다. 부모도 모르는 앤디의 비밀도 나는 다 알고 있지요. 그 아이가 기쁠 땐 나도 웃었고, 그 아이가 울 땐 나도 울었습니다. 그런 사이인데…. 우린 여러 번 어려운 고비도 함께 넘겼는데….

K박사 표정이 안 좋으세요.

우디 네, 이런 이야기하기가 쉽진 않네요. 용기를 내어 말씀드리자면…. 사실 우린 헤어질 운명일 수밖에 없어요. 그런데도 받아들이기가 쉽지 않네요. 이런 일이 있었어요. 앤디의 동생 몰리가 어두운 방에서 혼자 잠들지 못하자, 예쁜 전등과 세트인 '보핍'이 들어왔어요. 그런데 몰리가 더 이상 보핍을 필요로 하지 않자 다른 집으로 보내더군요. 그때 제가 보핍에게 같이 남자고 했더니 이렇게 말하더군요. "난 더 이상 몰리의 장난감이 아니야. 다른 아이에게 갈 시간이야. 애들은 늘 장난감을 잃어버리거든." 그때 어렴풋이 언젠가 내게도 그런 날이 올 거라고 짐작했습니다. 그런데도 쉽지 않네요. 다른 장난감들은 보핍처럼 이별을 잘 극복하던데, 제게 무슨 문제가 있는 것은 아닐까요?

K박사 이별은 누구에게나 힘든 사건입니다. 문제는 헤어짐의
고통으로 오랜 기간 일상생활을 제대로 못하게 되는 거죠. 물
론 어떤 사람은 한숨 자고 나면 아무렇지 않게 극복하기도 해
요. 하지만 어떤 사람은 오래 아프기도 하죠. 제가 보기에 우디
씨는 나름 이별의 상처를 잘 극복하는 거 같던데요.

우디 그렇게 말씀해주시니 마음이 놓이네요. 그런데 이별의
문제로 상담을 오는 사람도 있나요?

K박사 물론이죠. 이별이라는 것이 드문 일은 아니고, 또 기분
좋은 이별이 되기란 쉽지 않잖아요. 절친이 멀리 유학을 간다
거나, 반려견을 잃는다거나, 장난감을 포함해 아끼던 무엇인가
가 없어진다거나, 이 모든 것이 다 이별이고, 우리는 마음의 상
처를 입습니다. 당연히 마음이 힘들 때 상담을 받는 것은 도움
이 많이 되죠. 극복하는 시간이 짧아지고, 혹여 생길지도 모르
는 이차적인 우울증 등도 예방할 수 있고요. 그래서 요즘 젊은
이들은 실연의 아픔을 극복하기 위해 상담을 오기도 한답니다.

상담을 통해서 이별의 시련을 위로받고 극복하는 법을 배우죠.

우디   아…. 그런 측면에서 보자면, 심약해서 상담을 받는다기보다는 요즘 젊은이들이 현명해서 그런 거 같네요. 가장 고통스러운 이별이라면, 사랑하는 존재의 죽음이 아닐까요? 보통의 이별과는 다르겠죠?

5단계 애도반응
부정 · 분노 · 우울 · 타협 · 수용

K박사   헤어져도 살아만 있다면, 다시 볼 수 있다는 희망이 있잖아요? 그런데 죽음은 그럴 가능성을 앗아가죠. 말씀대로 가장 힘든 이별이 됩니다. 사랑하는 대상의 상실을 맞게 되면 누구나 '애도반응'을 겪습니다. 처음에는 죽음을 '부정'하다가, 자신을 두고 떠난 대상에 대해 '분노'가 생기기도 합니다. 그 분노의 화살이 자신을 향하고, 미안함이나 죄책감에 시달리다가 '우울증'을 앓기도 하고요. 하지만 정상적인 반응이라면, 시간이 흐름에 따라 현실과 '타협'하고 죽음을 '수용'하게 됩니

다. 이렇듯 부정, 분노, 우울, 타협, 수용의 5단계를 애도반응이라고 해요.

우디   그렇다면, 시간이 약이라는 말씀인가요?

K박사   네. 그렇습니다. 그런데 많은 사람들이 상실의 고통에서 못 벗어나면 어쩌나 하는 걱정을 하곤 합니다. 이 경우 그 고통에서 도망치려고 아예 잊으려고만 한다거나, 반대로 죄책감 때문에 슬픔의 구렁텅이 속으로 스스로 침잠하기도 합니다. 오히려 그래서 더 힘든 시간을 보내게 되지요. 자연스럽게 받아들여야 합니다. 상실과 애도반응 그리고 이를 극복하는 과정은 자연스러운 인간의 반응입니다. 대부분 충분히 슬퍼하고 시간이 흐르면 자연스럽게 회복되지요. 그리고 개인적인 생각입니다만, 인류에게 상실은 일종의 축복입니다. 상실을 통해 죽음, 그리고 과거와 미래의 삶을 다시 한번 돌아보게 되니까요. 더 진지하게 삶을 바라보게 되고, 더 성숙한 태도로 살아가게 하는 거죠.

우디   역설적이네요. 죽음으로 인한 상실감이 오히려 인간을 성숙하게 한다니. 그러고 보니 이별도 결국 새로운 만남과 연결되니까 인연의 소중함을 더 일깨워주겠군요.

K박사 그러니 관점에 따라 이별도 다르게 바라볼 수 있겠지요.

우디 제가 이별의 두려움을 느낀 것은 버즈라는 우주전사 친구가 등장했을 때에요. 버즈가 워낙 독특하고 멋진 녀석이라 금세 앤디의 마음을 사로잡는 바람에 저는 한동안 '없는 장난감' 취급을 당했어요. 그때 이별 또는 상실의 아픔을 처음 맛보았던 거 같네요. 하지만 아이러니하게도 버즈가 저를 지켜주기도 했어요. 더 이상 버림받는 것이 싫어서, 아니 두려워서, 제가 박물관에 가려고 했거든요. 일본으로 떠나려던 저를 친구들이 지켜줬어요. 그때 깨달은 게 바로 정체성이란 것이죠. 나는 누구이며, 어디로 와서 어디로 가는가? 노래 가사 같은….

K박사 자신을 잃어버리고 사는 것만큼 괴로운 것도 없답니다. 요즘 젊은이들이 너무 힘들잖아요. 우디 씨의 이별도 큰 고통이지만, 젊은이들의 절망도 엄청난 아픔이에요. 그래서 자신의 존재를 부정하기도 해요. 이렇게 사느니 차라리 현실을 잊고

살자는 것이지요. 지나치게 피상적인 자극에 몰두하게 되고요. 그래서 우울증도 많죠. 하지만 내가 세상의 중심일 때, 비록 다른 사람은 모르겠지만, 적어도 내게는 진짜 행복이 시작되는 것이거든요.

우디　그렇죠. 친구들이 아니었다면, 난 아이들의 놀이친구라는 제 정체성을 포기할 뻔했어요. 자칫 박물관의 '전시물'로 살았을 것이고, 그랬다면 더 불행해졌겠지요. 어쩌면 이별의 아픔을 극복하는 데도 친구의 역할이 중요하겠네요.

K박사　그럼요. 아픔을 함께 나눌 좋은 친구가 있다면 좀 더 쉽게 극복할 수 있겠죠. 요즘 행복에 관한 사람들의 관심이 늘고 학계에서도 연구가 활발히 이뤄지고 있는데요. 행복학을 다른 말로 바꾸면 인간관계학이 됩니다. 관계가 좋으면 그만큼 행복해질 확률이 높다는 뜻이지요. 가장 중요한 것은 자신과의 관계지만, 가족, 친구 등 나와 친밀감을 나누고 공감을 이룰 수 있는 관계야말로 가장 중요한 행복의 조건이라 할 수 있어요.

우디   그런데 박사님, 혹시 남들보다 이별이나 상실을 잘 극복하지 못하는 사람이 따로 있나요?

K박사   이별의 느낌도 사람마다 달라요. 우디 씨는 앤디를 떠나서도 보니와 잘 지낼 수 있었잖아요. 그런데 어떤 사람들은 작은 이별의 신호로도 마치 세상에 혼자 남겨진 듯한 두려움에 떠는 경우가 있어요. 대부분 '유기불안' 때문이지요.

우디   유기불안이요?

K박사   네. 부모로부터 버림받는 것과 같은 불안감이지요. 어릴 적 부모와 오랜 기간 떨어져 살았던 경험이 있는 사람들에게서 흔히 볼 수 있어요. 어떻게 부모와 떨이질 수 있느냐고 묻겠지만, 실은 이런 경우가 드물지 않아요. 예전에는 자식이 없는 친척 집에 보내지는 경우도 있었고요. 부모가 이혼한 경우에도 겪을 수 있지요. 요즘도 조부모가 부모 대신 양육을 하기도 하

잖아요. 이런 경우에도 잘못하면 유기불안이 자리 잡을 수 있어요.

우디　그렇게 되면 대인관계가 쉽지 않겠는데요.

K박사　네, 부모로부터 버려진다는 것은 생존의 문제니까요. 상상할 수 없는 불안과 함께, 살아가는 동안 잘 유지되어야 할 심리적 건강에도 악영향을 주지요. 버림받는 것이 두려워서 많은 것을 희생하기도 하고, 이별이 싫어서 사랑을 시작하지 못하는 경우도 있습니다. 그리고 마침내 이별하게 되면, 심각한 자존감 저하와 함께 우울증이나 공황장애를 앓기도 해요.

우디　충분히 이해해요. 앤디가 대학생이 되어 집을 떠나던 날 우리 장난감들은 다락방으로 보내질 뻔했거든요. 이후 새 친구 보니를 만난 우리는 정말 행운아였어요. 버려질 운명에 처해진 장난감들은 더 힘든 고통을 겪어야 하니까요. 버려지지만 않는다면, 어떻게든 버텨볼 수 있을 테니….

K박사　버려진다고 해도 극복할 수는 있어요. 물론 쉽진 않겠

죠. 많은 노력이 필요하답니다. 예를 들어, '나쁜 남자 콤플렉스'라고 들어본 적 있어요? 반복해서 나쁜 남자를 만나 마음고생이 심한 케이스죠. 이 경우는 상대가 나를 존중하지도 않고, 그에게 착취만 당하는 것을 뻔히 알면서도 쉽게 헤어지지 못해요. 스스로도 헤어져야 한다는 것을 알면서도 부정하고요. '내가 노력하면 저 사람을 바꿀 수 있어'라는 식으로요. 그런데 스스로 노력하지 않는 성인을 누군가가 바꾸기란 불가능해요. 하물며 스스로 바뀌려고 무진 애를 쓰고, 전문가의 도움을 받아도 실패할 수 있는 것을, 그저 사랑의 힘으로 바꿀 수 있을까요?

우디 허허. 사랑의 힘으로 바꿀 수 없는 것이 너무 많아 슬프네요. 박사님, 단순한 이별의 아픔은 시간이 흐르면 좋아지잖아요. 그리고 상실감은 충분히 애도하고 기다리면 대부분 좋아지고요. 그렇다면, 유기불안은 어떻게 극복해야 하나요?

K박사 유기불안을 스스로 극복하기란 쉽지 않아요. 아주 어릴 적 경험으로 인한 것이라 무의식 저편에 감춰져 있는 경우가 많거든요. 설사 의식 속에 있다고 해도, 현재의 불안이 과거의

사건 때문이라고 받아들이긴 쉽지 않아요. 비뚤어진 인간관계로 힘이 들어 우울과 불안에 시달린다면, 거기에 맞게 치료를 해야죠. 하지만 근본적으로는 '안정'과 '안전'을 되찾는 것이 가장 중요해요.

우디 안정과 안전이라니, 구체적으로 어떤 의미죠?

K박사 유기불안이 있다면, 언젠가 나는 버림받을 수 있고, 버림받은 세상은 위험하고, 그러니 친밀감은 신뢰할 수 없다는 심리적 가정이 있습니다. 이런 가정 속의 세상은 위험하고 불안정한 곳일 수밖에 없죠. 하지만 인간은 경험을 통해 바뀔 수 있어요. 아주 안정적이고 안전한, 쉽게 말해 언제나 나를 믿어주고 아껴주고 곁에서 지켜주는 관계로부터 긍정적인 경험을 한다면, 불안을 극복할 수 있습니다. 다행히 살면서 좋은 사람을 만나 안정과 안전을 찾으면 좋겠지만, 만약 그렇지 못하다면 전문가와 상담을 받아보기를 권해요. 당신이 누군가와 헤어질 때마다 극심한 고통을 느낀다면 말이에요.

당신은 패배하려고
태어나지 않았습니다

"나도 한때 잘나가는 사람이었는데….
수많은 악플에 자존심이 무너져요."

한때는 잘나갔지만, 주변의 비웃음을 받던 한물간 어부 산티아고. 오 랫동안 물고기 구경을 못 했던 그는, 마침내 '무(無)어획' 85일째 되는 날 자신의 고기잡이배보다도 더 큰 청새치를 잡게 된다. 그러나 청새 치는 상어들의 잇단 공격으로 머리와 꼬리지느러미만 남고, 그는 몸 과 마음에 상처를 입는다. 앙상한 생선뼈 덕분에 그나마 훌륭한 어부 임은 입증했다 싶은 것도 잠시, 수많은 '악플' 세례에 그만 자존심이 와르르 무너져버렸다.

인간은 쉽게 무너지지 않아, 무기력과 상실감에서 벗어나려면?

내담자 | 산티아고(男), 어부 (손에 잡히지 않는 거대한 물고기와 노인의 사투를 그린 헤밍웨이의 소설 《노인과 바다》 속 열정남)

산티아고 김 박사! 진짜 화가 나네. 요즘 사람들 너무하더라고. 글쎄, 내가 잡은 청새치가 가짜 아니냐고 난리야. 뼈만 남아서 자랑을 좀 하려고 했는데, 가짜라고 하니까 미치겠더라고. 너무 화가 나고 억울해서 원. 그래서인지 잠도 못 자고 만사가 다 귀찮아요. 심지어 내 인생과도 다름없는 낚시마저 포기할까 싶다니까.

K박사 속상하시겠어요. 가짜뉴스라고 하나요? 이유가 무엇이든 SNS에서 공격당하고, 그로 인해 심각한 우울증을 앓는 경우가 적지 않아서 참으로 걱정입니다. 그런데 청새치라고 하셨죠? 주둥이가 화살같이 뾰족하고 긴?

산티아고 맞아요. 흔치 않은 고기라 잘 모를 텐데. 바다 좋아하쇼?

K박사 그럼요. 바다만큼 편안하고 좋은 곳은 없더라고요.

산티아고 맞아요. 마치 엄마 품과 같죠. 때로는 무시무시하기도 하지만, 세상에서 제일 평화로운 곳이지요. 사실, 내가 얼마나 큰 대어를 낚았는지 굳이 자랑하지 않았던 것도 그런 이유에서 예요. 바다는 내게 안식처이자 생활의 터전이고, 그 속에서 일어난 일은 그저 일상일 뿐이니까. 근데 요즘 낚시 프로그램에서는 서로 잡은 물고기 크기로 경쟁을 하고 자랑질을 하던데, 뭐, 서로 즐거우면 뭐라 할 일은 아니지만….

K박사 그런데 누가 그렇게 어르신을 비난하나요?

산티아고 말도 마쇼. 아는 사람이라면 내가 만나서 해명이라도 하겠지만, 전혀 모르는 사람들이에요. '마놀린'이라고 내가 아주 사랑하는 소년이 있어요. 무슨 생각이었는지, 그 녀석이 뼈다귀만 남은 청새치를 SNS에 올린 모양이에요. 올리지 말았어야 했는데. 아무튼, 처음에는 반응이 긍정적이었지요. 크기가 어마어마하다, 잡느라고 고생했겠다, 어부를 만나보고 싶다는 둥 말이에요. 근데 어느 시점이 되니, 갑자기 댓글들이 완전히 반대 방향으로 흐르더라고요. 살점 하나 없는 청새치가 말이 되느냐, 인공적으로 만든 것 아니냐, 포샵한 게 틀림없다, 심지어는 다른 사람이 잡은 거 아니냐는 등 밑도 끝도 없는 비난이 쏟아지더라고. 그러다 끝내는 나와 마놀린을 사기꾼 취급을 하고 신상까지 낱낱이 공개되더라니까요. 마녀사냥이 따로 없었지요.

K박사 여러 가지로 화가 많이 나셨겠어요. 물론 마놀린도 충격을 많이 받았겠고요.

산티아고 이게 아주 큰일이더라고요. 인터넷에 우리 둘 사진이 퍼지더니, 사는 곳을 어떻게 알았는지 찾아와서 '그렇게 살지 말라'며 겁박하기도 하고…. 나야 살 만큼 살고, 또 산전수전 다 겪어서 무시하려고 하지만, 어린아이에게는 너무 잔인하다 싶어요. 밖에 나가면 모든 사람들이 자기 욕을 하는 거 같다더군요. 발가벗고 다니는 기분이라면서 두려워하고 있어요.

K박사 나이가 어리니 더 크게 상처받을 가능성이 커요. 너무 힘들어하기 전에 상담을 받아보게 하는 편이 나을 듯합니다.

자칫 심리적 성장이나 인격 발달에 악영향을 줄 수도 있고, 우울증이나 외상후스트레스장애 같은 정신적 질환으로 발전될 수 있으니까요. 어르신은 괜찮으세요?

산티아고 나도 심란해서 그런지, 꿈자리가 뒤숭숭해요. 평소에도 꿈이 많기는 해요. 근데 내 꿈이 좀 희한해요. 늘 사자 꿈을 꾼단 말이죠. 정신과에서도 해몽解夢을 한다면서요? 내 꿈은 무슨 의미가 있을까요?

K박사 하하하. 일반적으론 해몽이라고 하지만, 저희는 '꿈 분석'이라고 합니다. 일종의 상담치료 기법인데요. 꿈은 무의식의 여러 가지 욕구나 갈등을 표현하죠. 프로이트가 꿈을 무의식으로 가는 왕도王道라고 할 정도로요. 그런데 보통은 꿈의 의미를 알아차리기가 힘들어요. 여러 가지 모습으로 변형되어 나타나기 때문이죠. 받아들이고 인정하기 힘든 무의식을, 있는

그대로 표현한다면 자아가 감당 못 할 수도 있어서 변형이 필요한 거죠. 상징이나 대치 등 다양한 방식을 통해서요. 아무튼 꿈의 의미는 꿈을 꾼 사람이 제일 잘 알지요. 다만, 무의식 속에 숨어 있으니 알아차리지 못할 뿐입니다.

산티아고 복잡하네요. 좀 쉽게 설명해주실 수 있나요?

K박사 예를 들어, 회사에서 상사가 지나치게 못되게 굴어서 제발 그가 사라져줬으면 하는 무의식적 욕망이 있는 사람 A가 있다고 치죠. A가 상사를 죽이는 꿈을 꾼다면 얼마나 놀라고 당황스러울까요? 도덕관념이 강한 사람이라면 죄책감마저 들 수 있을 겁니다. 하지만 반대로 상사가 A를 죽이는 꿈이라면 어떨까요? '상사 때문에 정말 스트레스 많이 받는구나!' 하고 받아들일 만하죠. 근데 실은 꿈의 의미를 찾다 보면, 상사와 A가 뒤바뀐 것을 쉽게 찾을 수 있어요. A는 상사를 죽이고 싶을 만큼 그가 싫은 거죠.

산티아고 그렇다면 내 꿈도 어떤 상징일 것이다? 혹시 내가 젊었을 때 아프리카로 항해했던 것과 연관이 있을까요? 그때 처음 사자를 봤거든요.

K박사 그럴 수 있지요. 그 시절로 돌아가고 싶은 것은 아닐까요?

산티아고 아무렴요. 젊었을 때는 힘 좀 쓴다는 얘기를 들었죠. 그러고 보니 사자는 힘의 상징일 수도 있겠네요.

K박사 네. 맞아요. 가능한 해석입니다. 또 사자는 용기와 자부심의 상징이기도 하지요. 청새치를 잡는 과정을 들으면서 저는 '왜 그렇게까지 하셨을까'를 고민했어요. 정말 돈을 벌 요량이라면, 다른 방법도 많았을 텐데. 또 굳이 3일 밤낮으로 청새치와 씨름을 하고 달려드는 상어를 쫓아내기 위해 사력을 다해 싸우셨다는데, 과연 그럴 가치가 있을까. 목숨이 더 소중한 것 아닌가 하는 생각을 했어요. 그런데 자부심을 위해서라면 그렇게 할 수도 있겠다는 생각이 드네요.

산티아고 자부심이라…. 정확히는 모르지만, 나는 어부라는 사실을 증명하고 싶었는지도 몰라요. 훌륭한 어부 말이오. 무려

84일간이나 물고기를 못 잡았죠. 낚시로 벌어먹고 사는 나 같은 사람에게는 아주 힘든 시간이지 않았겠소? 한물간 거 아니냐고 사람들이 수군거렸지요. 더구나 꼬맹이 마놀린이 없으면 정말이지 굶어 죽을 지경이니, 주위에서들 얼마나 비웃었겠소. 그런 나를 버티게 해주는 것은 내가 훌륭한 어부라는 나 스스로의 믿음이지요. 과거에는 꽤 잘나가는 낚시꾼이었다오. 다시 한번 강조하지만, 누구에게 인정받으려는 것은 절대 아니오. 남들이 아닌, 나 스스로가 인정할 수 있어야 했어요.

K박사 훌륭한 말씀입니다. 인정받는 게 나쁜 것은 아니지만, 그게 지나치면 병이 되죠. 늘 눈치를 보고 살아야 하니까요. 충분히 훌륭한 일을 해놓고도 주변의 반응이 시원치 않으면 실망한다거나. 요즘 사람들은 지나치게 남을 의식하죠. 그래서 SNS에 열광합니다. 반응이 즉각적이고, 한번 물살을 타면 모두가 환호하죠. 게다가 소위 인플루언서가 되면 경제적으로 풍요로워지잖아요.

산티아고 그런가 봅디다. 마놀린도 주위 친구들이 SNS를 하니까 엉겁결에 그랬던 거 같아요. 할아버지 일을 자랑하고 싶었겠지. 그런데 100퍼센트 이해는 안 돼요. 그 나이에는 야구가 훨씬 신날 텐데, 뭐가 그리 재미있다고 SNS에 파묻혀 사는지.

K박사 꼭 비판만 할 일은 아니에요. 어르신께서도 직접 해보면 참 재미나는구나 하실 겁니다. 다양한 사람들의 반응도 보고, 쉽게 친구도 되고, 신기한 볼거리가 가득하니까요. 그러나 문제는 팩트를 인지하고 진위를 파악하는 데 자신의 기준보다는 다른 사람들의 취향과 기준을 좇는 오류를 범하게 된다는 것입니다. 그래서 한때는 누군가를 세상 최고처럼 받들어 모시고 칭송하다가, 어느 순간에 갑자기 나락으로 떨어트리기 일쑤지요. 그런 롤러코스터 같은 반응에 가짜뉴스가 한몫하는 것이고요.

산티아고 그래서 내가 온 것 아니오! 썩을….

K박사 너무 노여워 마세요. 분노는 늘 '나'부터 망치게 합니다. 이런 때는 그냥 가만히 놔두는 것도 현명한 방법입니다. 오히려 민감하게 반응하면 더 시끄러워지거든요. 그래도 영 못 참으시겠다면 신고라도 해야지요. 바로잡으려는 노력을 누군가는 해야 하니까요. 그런데 어르신, 정말 의지가 대단하세요. 정말 위험한 순간도 많았는데, 어떻게 버티셨어요?

산티아고 사람들이 내가 해서 유명해진 말이 있다고 하대요. '인간은 패배하려고 태어나지 않았다. 비록 파멸에 이를지라도 말이다.'

K박사 네! 제가 아주 좋아하는 문구입니다.

산티아고 나는 어부예요. 늘 바다와 함께하죠. 인생 자체입니다. 84일간 나를 힘들게 하던 바다가 85일 만에 나에게 준 선물이 청새치입니다. 그냥 공짜로 얻은 선물이 아니랍니다. 죽을 고생을 하고 얻어낸 것이지요. 그렇게 내 삶의 보람과도 같던 청새치를 상어 떼가 공격합디다. 물론 이 또한 바다의 이치니, 어쩔 수 없습니다. 하지만 나는 내 청새치를 지켜야 했어요. 물론 목숨이 위태로울 수 있죠. 그럼에도 불구하고 싸운 이유는, 말 그대로 상어 떼에게는 지기 싫었기 때문입니다. 내 소중한 것은 내가 지켜야지요.

K박사　옳습니다. 바다에 나가면 이겨내야 할 위험이 곳곳에 도사리고 있죠. 요즘은 사회가 험해지다 보니, 바다보다 더 위험한 곳이 되었어요. 젊은 친구들은 스스로를 지켜내기가 힘든 환경이 아닌가 하는 생각도 듭니다. 특히나 계층 또는 집단 사이의 갈등은 넘기 힘든 파도와도 같죠. 태극기와 촛불로 대변되는 두 세대의 갈등 말입니다. 어떻게든 우리 사회가 반드시 극복해야 할 과제 중의 하나인데, 이런 고민 속에서 마놀린과 어르신의 관계는 참 좋아 보이는군요.

산티아고　사람과 사람이 함께 잘 지내려면 서로에게 반드시 지켜야 할 덕목이란 것이 있어요. 마놀린과 나의 관계에는 사랑과 존중이 중심이지요. 비록 어리지만 나는 그 녀석을 능능한 어부로 대합니다. 힘들 때면 반드시 내 편이 되어줄 것이고 나를 위해서 울어줄 것이라는 확신이 드는 상대죠. 내가 훌륭한 어부라는 것을 끝까지 믿어주었던 유일한 사람이기도 하고요.

K박사 마놀린도 같은 생각을 하고 있지 않을까요.

산티아고 나 또한 마놀린 일이라면 모든 것을 다 바칠 각오가 되어 있어요. 사랑과 존중은 서로에 대한 믿음을 더 강하게 해주죠. 뻔한 이야기라 하겠지만, 요즘처럼 힘든 세상에는 삶의 기본적인 가치가 더 강조돼야 한다고 생각합니다. 망망대해에서 태풍을 만난 것처럼 이 혼란한 세상 속에서 지지 않고 살아남으려면, 서로가 서로를 사랑하고 존중하고 믿는 수밖에는 없지 않겠어요?

내 삶에 가장 중요한 것만 남긴
단순함의 풍요로움

"왜 사람들은 성공적이라고 칭송하는 삶이 한 가지뿐이라고 믿을까요?
다른 좋은 삶들을 희생하거나 무시하면서
단 하나의 삶만을 과대평가하는 이유가 뭔지 모르겠어요.
저는 다양한 삶을 시도해보고 싶었어요."

하버드대 재학 시절부터 친구들과 어울리기보다는 사색을 즐겨 했던 소로는 스스로에게 집중하기 위해 숲으로 향한다. 윌든 호숫가 숲속에 작은 오두막을 짓고 새벽 5시에 일어나 정오까지 일하고 나머지 시간에는 글을 쓰고 산책을 하며 시간을 보냈다. 수행자의 삶을 마치고 2년 만에 세상에 나온 그를 제일 먼저 맞은 건 제어 불가능한 소음과 사람들의 넘치는 욕망이었다.

내담자 | 헨리 데이비드 소로(男), 작가 겸 사상가 (수많은 사람들이 인생 책으로 꼽는 《월든》을 남겼다.)

소로   잠을 못 자서 왔어요. 숲에서 도시로 이사한 뒤로는 도통 잠이 안 오네요. 그래서 그런지 신경질도 너무 많이 나고요. 수면제라도 먹어야 할까요?

K박사   잠은 가장 강력한 휴식 수단인데, 적절한 수면을 취하지 못 하니 짜증이 나시는 게 당연해요. 수면의 양과 질은 감정, 사고, 행동 전반에 문제를 일으킬 수도 있는 중요한 문제이지요. 만성적인 불면증은 인지기능을 떨어뜨려 치매의 원인이 되기도 합니다. 하지만 잠을 못잔다고 무조건 수면제를 먹는 건 옳지 않아요. 수면제 남용도 치매를 일으킬 수 있거든요. 불면증이 있다면 원인을 알고 치료를 하셔야지요. 그런데 숲에서 사셨다고요?

소로   네. 2년 2개월 정도 있었네요. 월든이란 숲인데요, 정말 아름다운 호숫가에 집을 짓고 살았습니다.

K박사 듣기만 해도 아름다운 곳인 듯합니다. 2년 전이면 서른 살이셨네요. 한창 활동 많을 시기인데 어떻게 그런 결심을 하셨어요?

소로 제가 유난히 생각이 많습니다. 예를 들어, 왜 사람들은 성공적이라고 칭송하는 삶이 한 가지뿐이라고 믿을까요? 다른 좋은 삶들을 희생하거나 무시하면서 단 하나의 삶만을 과대평가하는 이유가 대체 뭔지 모르겠어요. 저는 다양한 삶을 시도해보고 싶었어요. 다소 근원적인 질문입니다만, 삶이란 무엇인가에 대한 답도 얻고 싶었고요.

K박사 숲을 떠나 도시로 오고 나니, 어떤 것이 제일 신경이 쓰이던가요?

소로 일단 소음이요. 숲속에서는 낮에 새소리가 들리죠. 산들바람 소리도 좋고요. 빗소리도 흥겨워요. 처마 밑에 앉아서 떨어지는 비를 바라보며 좋아하는 책이라도 읽을 때면 천국이 따로 없죠. 이런 소리들을 소음이라고 부르지는 않잖아요. 밤에는 너무 조용해요. 가끔 들짐승 소리도 들리긴 하지만요.

K박사 그렇게 조용한 곳에 있다가 도시에 왔으니 거슬릴 만도 하죠. 사실 도시에 사는 우리들은 소음에 민감하지 않죠. 살아남기 위해 청각도 적응한 걸까요. 인간이 다른 어떤 생물보다도 오래 살아남을 수 있는 힘은 아마도 '적응' 덕택일 겁니다. 하지만 정도를 벗어나는 소음은 폭력의 원인이 되기도 합니다. 층간소음 문제가 뉴스에 자주 등장하잖아요.

소로 적응의 힘은 알겠지만, 방향이 잘못되면 오히려 인류에 해가 된다고 생각합니다. 자연과 더불어 살아가던 선조의 적응에 비하면, 자연을 지배하는 쪽으로 나아가는 우린 결국 파멸할 겁니다. 의복이든 집이든 필요 이상으로 소유하는 것은 인생을 허비하는 짓이라는 걸 왜 모를까요?

K박사 사람들이 들으면 혼란스럽겠네요. 요즘 주택 문제로 대한민국이 시끄럽거든요. 좋은 의도의 대책들이 결국 나쁜 결과를 낳기도 하잖아요. 그러다 내 집 마련의 꿈을 포기한 사람들도 있고요. 집이 둥지가 아니라 부동산으로 바뀌면서 참 많은 박탈감을 안겨주는 것 같습니다. 피곤한 몸을 누일 안전하고 따뜻한 공간이 있고 없고는 심리적으로 엄청난 차이를 부르거

든요. 삶의 질이 바뀌죠. 그래서 공간심리학 또는 신경건축학에 대한 관심이 높아지고 있습니다.

소로 '내 공간'에 대한 인식의 전환이 필요해요. 그런데 내 몸 하나 누이는 데 그렇게 넓은 면적이 필요할까요? 요즘은 점점 더 큰 집을 원한다지만, 신혼부부들이 선호한다는 소위 30평형 아파트도 너무 커요. 월든 숲의 제 집은 불과 폭 3미터, 길이 4.5미터, 높이 2.4미터입니다. 비록 13.5제곱미터의 협소주택이지만, 생활을 하는 데 전혀 지장이 없어요.

K박사 불과 4평 남짓한 공간이네요. 혹시 꼭 갖고 싶은 '꿈의 집' 같은 거 없으세요? 저는 언젠가는 자연 속에 아름답고 기능적인 집을 갖고 싶은 생각이 있습니다만….

소로 박사님, 절대 안 그러셨으면 좋겠어요. 우리는 왜 늘 더 많은 것을 얻으려고만 하고, 적은 것에 만족하는 법은 배우려

하지 않을까요? 남들처럼 크고 좋은 집을 가져야겠다는 생각보다는 집이 내게 필요한 이유를 생각해본다면, 굳이 큰 집은 필요 없습니다. 아름다운 집이요? 나의 생각과 바람이 내가 사는 집의 건축 디자인과는 아무런 관련이 없는 경우를 많이 봐요. 마치 거북의 등껍질이 거북의 뜻과는 아무 관계가 없듯이 말입니다. 원하는 것을 짓지 않고, 지어진 건축물에 스스로의 삶을 억지로 맞추는 것은 다 부질없는 짓입니다.

K박사 충분히 이해합니다. 주인에게 맞는 집을 지어야만 진정한 보금자리가 될 수 있으니까요. 그런 측면에서 보자면, 주변 환경을 스스로에게 맞추는 것도 중요하겠네요?

소로 당연하죠. 저는 생태주의적 측면으로 많이 생각합니다. 있는 그대로의 자연과 어울려야 하죠. 자연의 섭리를 따라 살아가고, 당연히 자연을 손상시키는 것도 막아야겠지요. 인류가 아무리 발전을 해도, 먹고사는 것이 제일 중요해요. 문제는 모든 것을 필요 이상으로 원한다는 데서 비롯됩니다.

K박사 저도 산티아고 순례 경험에서 얻은 깨달음이 있어요. 당

시에는 지금 입은 옷 그리고 내일 입을 옷, 이렇게 두 가지만 있어도 살아갈 수 있었어요. 집 또한 비와 추위를 피할 수 있는 알베르게(순례자 숙소)의 침대 하나면 충분했고요. 먹는 것 역시 소박한 순례자 메뉴면 더할 나위 없었지요. 식사와 함께 주는 와인으로도 충분히 사치를 누릴 수 있었으니까요.

소로　맞아요. 우리에겐 생존이 우선입니다. 지금 가진 것으로 생존이 가능하다면 나머지는 사치에 지나지 않지요. 그렇게 생각을 바꾸면, 요즘 시절이 꼭 지옥만은 아니에요. 예를 들어 시대와 물가가 달라져서 단순 비교하긴 무리지만, 케임브리지대학의 기숙사 비용이 30달러인 시절에 집을 짓는 데 들었던 자재 비용은 불과 28달러 12.5센트에 지나지 않았어요. 지금도 생각보다 훨씬 저렴한 비용으로 살아갈 수 있다고 믿어요. 더구나 제가 농사를 지어보니, 1년간 먹을 식량을 마련하는 데 고작 6주만 노동을 하면 되더라고요. 욕심 많은 인간이 먹지도 않을 곡식을 창고에 쌓아두거나, 시장에 내다 팔아서 사치품을 사려고 하니 힘들지요. 비싼 가방이나 차를 위해 노예로 사는 것을 마다하지 않으니, 기가 막힐 노릇입니다.

K박사 그런데 왜 대부분의 사람들은 그렇게 살려고 하지 않을까요? 혹시 현실적으로 불가능한 일은 아닐까요? 말씀하셨듯이 시대착오적인 것은 아닐는지요.

소로 반드시 저처럼 살아야 한다는 것은 아니에요. 저는 젊었고, 온화한 기후에 살았고, 물가가 쌌기 때문에 가능했을 겁니다. 그렇지만 숲속의 생활이 성공할 수 있었던 가장 큰 동력은 비교하지 않았기 때문입니다. 요즘처럼 SNS가 유행인 시절이었다면, 어쩌면 불가능했을지도 모르죠. 너무 비교가 많이 되니까요. 시간만 나면 열어보는 SNS에서 누구는 해외여행을 하고, 명품을 사고, 고급 레스토랑에서 식사를 하지요. 받지 않아도 될 스트레스를 받고 불필요한 열등감을 갖게 만들어요.

K박사 100퍼센트 동감합니다. 하지만 거꾸로 생각할 수도 있지요. 소로 씨가 월든의 삶을 책으로 써내신 것은 대중들에게 좋은 영향을 끼치기 위한 의도였잖아요. 많은 사람에게 좀 더 알리는 목적이라면, SNS가 제일 효과적이었을 거예요. 아마 더 많은 사람들이 응원해주고 힘을 보태주었을 겁니다. 요즘 유행하는 실시간 방송을 했다면 반향이 엄청났을 거 같은데요. 지

금도 세계적인 인플루언서시지만, SNS를 활용하실 수 있었다면 전 세계적으로 생태보전 운동이나 미니멀리즘 트렌드를 이끄셨을 거라 확신합니다.

소로　그럴 수도 있겠네요. 만약 단순한 재미로 살아보는 것이 아니고, 진심으로 그리고 적극적으로 숲의 생활을 동경하는 사람이 늘어난다면, 지구를 보호하는 데 더할 나위 없이 큰 힘이 되겠지요.

K박사　그리고 SNS를 보시면 많이 놀라실 거 같습니다. '먹스타그램'처럼 예쁘고 흔치 않고 귀한 음식 사진을 올리는 사람들이 많거든요. 아마 신세계를 보실 겁니다.

소로　알죠, 가끔 걱정이 들어요. 숲 생활에서 얻은 지혜 중 하나가, 인간은 그렇게 많이 그리고 다양하게 먹을 필요가 없다는 것입니다. 효모를 넣지 않은 옥수수빵만으로도 2년 넘게 건강하게 지냈다고요. 자연을 잘 살펴보세요. 애벌레나 구더기는 게걸스럽게 먹습니다. 하지만 나비가 되고 파리로 변하고 나면, 한두 방울의 물이나 설탕물로도 하루를 잘 지낼 수 있어요.

많이 먹는 사람들은 자신이 아직 유충 단계에 있음을 선언하는 것과 다름없다고요!

K박사 저도 일부 동의하고 있어서 재미는 있지만, 위험한 비유네요. 흥분을 좀 가라앉히시면 어떨까요?

소로 아, 오해하지는 마세요. 대식가들을 폄하한다기보다는 그리스와 로마를 멸망시킨 것은 칼이 아니고 산해진미였음을 잊지 말라는 것입니다. 건강을 해칠 정도로 적게 먹으라는 뜻은 아닙니다만, 적게 먹으면 그만큼 적게 일해도 되고요. 쓰레기나 이산화탄소 배출도 줄 테니, 환경에도 도움이 되죠.

고독은 좋은 친구지만,
혼자서만 살 수 없는 세상

———

K박사 자급자족의 소박한 삶으로 역설적인 풍요를 얻을 수는 있겠지만, 인간이 결코 밥과 집으로만 살 수는 없잖아요. 정말 행복하게 살려면 좋은 인간관계가 필요합니다. 소로 씨는 내내

홀로 지내셨죠?

소로 네, 고독만큼 좋은 친구는 없지요. 하지만 그렇다고 제가 은둔형 인간은 아닙니다. 사교를 굉장히 중요하게 생각하죠. 집에 의자가 3개 있습니다. 첫 번째는 고독을 위한 것이고, 두 번째는 우정을 위한 것이고, 세 번째는 사교를 위한 것이죠. 어느 누구도 혼자서만은 살 수 없습니다. 자연도 마찬가지죠. 산과 호수가 어우러져야 완벽한 풍광을 빚는 것처럼요. 하지만 인간들은 가끔 어울림의 행복을 잊는 거 같아요. 혼자서 잘 살려고 이웃의 불행을 지나친다면, 곧 자신에게 닥칠 불행에도 대비해야 할 겁니다.

K박사 자연에 대한 동경이 높은 최근의 현상을 보고 있자면, 우리가 얼마나 자연을 못살게 굴었는지 알 거 같습니다. 많은 분들이 귀농 또는 귀촌을 꿈꿉니다. 제가 상담하는 분들 중에도 적잖이 시골로 내려가시거든요. 그런데 80~90퍼센트가 다시 도시로 돌아와요. 실패한 거죠.

소로 살아남기 위한 전략이 필요합니다. 단순히 도시가 싫어서 도피나 취미로서의 숲 생활이었으면 저도 쉽게 포기했을 겁니다. 제가 관심을 갖고 영향을 주고 싶은 사람은 가난한 사람들입니다. 그리고 그 방법이 자연에 있다고 봤던 거죠. 자연에게서 배우고 겸손하고 소박하게 산다면, 정말 적은 돈으로도 승산이 있습니다. 좀 전에 이야기했듯이 이웃과 잘 지내는 것도 중요하고요. 혼자서는 할 수 없는 일도 적지 않거든요. 오랜만에 사람을 만나 얘기하다 보니 제 말이 너무 길어졌네요. 박사님, 제 불면증은 나아질까요?

K박사 대화에 빠지다 보니 저 역시 깜빡했네요. 도시의 번잡함과 소음에 적응이 되려면 시간이 좀 필요합니다. 굳이 약의 힘을 빌리지 않아도 될 거 같아요. 일단 수면위생을 지켜봅시다. 어떤 이유든 잠을 잘 못 잘 때면 가장 먼저 살펴야 할 원칙이지요. 숙면에 도움이 되도록 온도와 습도가 맞아야 하고, 어두워야 합니다. 잠을 방해할 수 있는 카페인은 피하세요. 소량의 음주는 수면에 도움이 됩니다. 너무 늦은 시간이 아니면 운동도 괜찮고요. 자기 전에 따뜻한 물로 샤워를 하는 것도 좋습니다. 중요한 것은 정해진 시간에 자고 정해진 시간에 깨야 합니다. 중간에 깨면 '자는 척'하세요. 건강한 수면은 밤 10시에서 12

시 사이에 시작해서, 6~8시간 정도가 적당합니다. 이렇게 1~2
주 시도하시면 웬만한 불면증은 대부분 호전됩니다. 그 뒤에도
수면에 문제가 있다면, 투약에 관해 상의를 해보죠.

진실한 관계에 대한 목마름

"슬프네요. 제 사랑이 결국 애착과 경제적인 결핍에 대한 보상이었다니요.
제 사랑은 왜 '승리'하지 못했을까요?"

2013년 개봉한 동명의 영화 속 화려한 파티 장면이 너무 강렬한 나머지 '파티킹'의 대명사로 굳어진 청년 사업가. 권력자들과의 결탁으로 법망을 피해가며 벌어들인 돈으로 뉴욕 동부 롱아일랜드 해변에 궁궐 같은 저택을 사들여 주말마다 성대한 파티를 연 이유는 그녀, 데이지와의 인연의 끈을 다시 잡기 위해서였다. 자수성가한 흙수저로 로맨틱한 결말을 맺을 수 있었던 그의 삶이 결코 위대하지 못한 결말로 나아간 이유는 무엇 때문이었을까.

내담자 | 개츠비(男), 사업가 (소설 《위대한 개츠비》의 화려한 백만장자)

개츠비 미리 말씀드립니다만, 전 요즘 말로 '멘탈갑'이에요. 소문에도 의연합니다. 저에 대해 수군대는 거, 한편으로는 즐겼습니다. 오죽하면 물의를 일으키는 인물들이 제 이름을 차용해서 '×츠비'라고 했겠어요? 이게 다 유명세 때문이려니 해요. 그런데 흥청망청 파티나 벌이는 젊은 얼간이로 보는 것에 대해서는 억울합니다.

K박사 개츠비 씨가 유명한 사교계 인사이기 때문에 그렇게 빗대어 불렀겠죠. 비슷한 점이 많았으니까요. 화려한 파티도, 준수한 외모도 그렇고요…. 하지만 전혀 다른 두 사람이죠. 한 사람은, 그러니까 개츠비 씨는 한 여자를 위해 모든 것을 걸었다는 '로맨틱한 이유'가 있으니까요. 또 다른 사람은, 저는 잘 모르지만, 오로지 돈만 바랐거나 당사자의 해명처럼 '친구들끼리 허풍 떨고 허세 부린 것'일 수도 있겠지요. 그렇지만 전적으로 다르지만은 않다는 것이 제 생각이에요. 결국 두 사람 다 욕망에 사로잡혀 비상식적인 행동을 했다고 할 수 있거든요.

개츠비 저는 오로지 옛 연인인 데이지가 내 파티에 오기를 바라는 마음에서, 그러니까 초대장 없이 누구나 올 수 있는 자리를 마련한 것뿐이에요. 전 술도 싫어해요. 술로 망가지는 인간들을 여럿 봐왔거든요. 자기관리 하나는 어려서부터 철저하게 해왔다고 자부합니다. 여자 문제도 얼마나 조심했는지 모르실 겁니다. 그런데 저를 젊어서부터 문제나 일으키는 그 따위 치로 오해하다니, 정말 자존심이 상합니다.

K박사 데이지 씨가 비록 당신 인생의 유일한 여성이었다고 해도, 결혼한 여성의 가정을 파괴하면서까지 자신의 사랑을 이루겠다고 한 것은 좀 비뚤어진 생각 아닌가요? 개츠비 씨로 비유되던 또 다른 인물의 욕망은 신문기사로 읽었어요. 술, 마약, 도박, 섹스, 관음 등 인간을 타락으로 몰아넣기 쉬운 욕망의 단어들로 점철되어 있더군요. 프로이트는 물론이고 라캉이 주목했듯이, 욕망은 엄청난 에너지로 작용할 수 있습니다. 만약 그 욕망을 이루어나가는 과정과 결과가 긍정적이면 욕망은 성공과 행복의 근원이 될 수 있어요. 그렇지만 과정이든 결과든 하나만이라도 부정적이라면 자신과 주변 사람들의 삶을 파괴할 수 있는 게 바로 그 욕망입니다.

개츠비 왠지 착잡해지는군요. 순수한 사랑이라면 모든 것이 용납되리라 생각했습니다. 무조건 데이지가 돌아와만 준다면, 행복해지리라 믿었어요. 나름 주변 사람들을 배려했다고 생각했는데…. 물론 지금도 희망의 끈을 놓지는 않았습니다! 누가 뭐라 하든 '과거는 바꿀 수 있다'고 저는 믿으니까요. 전 늘 긍정적이고, 또 언제나 희망을 품고 그것을 증명해가면서 살아오지 않았습니까?

K박사 아무리 개츠비 씨가 사랑에 대한 순수한 열정 때문이었다고, 또 자신에 대해 엄격했다고 할지라도, 파티나 사업에 비도덕적 요소들이 개입했다면 그렇게 아름답게만 보이지는 않는군요. '대단한 개츠비'인 것은 인정합니다만, 글쎄요, '위대한 개츠비'라면 이성적으로나 도덕적으로 좀 더 엄격해야 하지 않을까요?

개츠비 박사님, 제 과거 아시죠? 어린 시절, 정말 인정하고 싶지 않을 만큼 해준 것이 없는 부모 밑에서 자랐어요. 그런 제가 사업가로 이렇게 성공했잖아요. 부모 잘 만나서 별 고민 없이 사는 금수저 톰 뷰캐넌보다 못한 게 뭔가요? 보잘것없는 집안 출신 제임스 개츠에서 제이 개츠비로 이름을 바꾸면서 인생을 스스로 개척했어요. 그저 운 좋았을 뿐인 금수저보다, 자수성가한 흙수저가 인정받아야 올바른 세상 아닙니까?!

K박사 흥분하셨네요. 잠시 가라앉히고 들어보세요. 자수성가한 흙수저가 더 인정받아야 한다는 말에 전적으로 공감합니다. 어려운 환경에서 그만큼 성장하신 점에 자부심을 가져야 마땅하고요. 쉽지 않은 일을 해내셨어요. 흙수저든 금수저든, 스스로 선택한 것이 아니잖아요. 성숙한 인간이라면, 어떤 배경을 갖고 태어났든 자신의 삶에 책임을 지고 좀 더 나아지려고 노력해야 합니다. 금수저여서 노력 없이 빈둥거리거나, 반대로 흙수저라 절망 속에 모든 것을 포기해버린다면, 모두 성숙한 사람은 아닙니다. 만약 양쪽 다 노력 끝에 성공한다면, 당연히 부족한 여건에서 시작한 사람이 더 대단한 사람이라는 것은 말할 것도 없고요.

개츠비 제 말이 바로 그 말입니다. 저는 흙수저였지만, 금수저를 마냥 부러워만 하면서 신세한탄하진 않았다고요.

K박사 훌륭합니다. 개츠비 씨의 '긍정성'이 금수저와 경쟁할 때 강력한 무기로 작용하지 않았나 생각해봅니다. 소위 흙수저가 자신이 바라는 성취를 스스로 얻을 수 있는 좋은 방법이 있습니다. 바로 좋은 태도를 갖는 것인데요. 태도야말로 스스로의 노력으로 얼마든지 만들어질 수 있는 거잖아요. 사실 제가 '태도'에 관심이 많아 그 주제로 책도 쓴 적이 있는데요. 단적으로, 성공한 사람에게는 성공할 수 있는 태도가 존재합니다. 개츠비 씨가 가진 성공의 태도 중에는 긍정성이란 게 있었던 거고요.

개츠비 저의 태도가 그렇게 훌륭한 무기인 줄은 몰랐네요.

K박사 태도는, 성공은 물론이고 때로는 목숨까지 구하기도 합

니다. 병원에서 불치 판정을 받은 환자 중에서 살아남은 사람들이 있어요. 그들을 살린 건 흔히 말하는 '자연에 산다'도, 민간요법도 아니었습니다. 모두 삶에 대한 희망을 갖고 있었다는 공통점이 있었습니다.

개츠비 태도가 목숨까지 살린 셈이군요.

K박사 하지만 밝은 날에도 어두운 그림자가 지는 법이듯, 희망과 긍정이 늘 좋은 것만은 아닙니다. 저는 의사니까 진료를 할 때는 조금 비관적으로 봅니다. 실수를 막기 위해서지요. 의사의 실수는 환자에게 치명적일 수 있잖아요. 또 대출을 하러 은행에 가서도 긍정적이면 안 됩니다. 얼마가 되든 갚을 수 있다는 생각으로 돈을 빌렸다가는 낭패를 보기 일쑤지요. 결국 선천적인 것과 후천적인 것, 그리고 긍정과 비관의 사이에서 제일 중요한 것은 '균형'입니다. 치우치지만 않았다면, 개츠비 씨의 데이지 씨에 대한 사랑은 순수하게 끝났을 겁니다. 결과와 상관없이요.

개츠비 아, 데이지! 그 이름을 들으니 또 가슴이 저려오네요. 우린 첫눈에 사랑에 빠졌습니다. 그전에는 여자를 제대로 사귀지 않았어요. 물론 아주 어릴 적에는 몇 번 만나봤지만, 어쩐지 시간낭비 같았거든요. 그런데 데이지는 달랐어요. 그녀는 찬란한 보석함 속에서도 가장 빛나는 다이아몬드였어요. 그녀를 위해 전 모든 것을 걸 수 있었습니다. 처음부터요. 그런데 톰과 헤어질 수 없다니…. 결혼이야 어쩔 수 없다고 치지만, 어떻게 나를 저버릴 수 있지요? 선생님도 그녀가 톰을 사랑한 적이 한순간도 없었다는 걸 믿으시죠? 새로운 출발을 하는 것이 그리 어려운가요? 커다란 집과 화려한 파티, 모두 그녀를 위했던 거라고요! 어떻게 이런 '운명적인' 사랑을 저버릴 수 있나요? 전 도저히 이해할 수 없습니다.

가식과 허울뿐인 관계의

허허로움

K박사 이런 말이 상처가 될 수도 있어서, 미리 죄송합니다만…. 데이지 씨가 남편 톰을 사랑하지 않았다고 어떻게 단정 지을 수 있죠? 개츠비 씨가 그분을 사랑한다는 이유로 타인의

감정까지 마음대로 규정하고 재단하려는 것 아닌가요?

개츠비 확실히 상처가 되는군요….

K박사 당신이 그녀를 보자마자 사랑에 빠진 이유는 알겠습니다. 분석적으로 첫눈에 반한 사랑에는 심리적인 원인이 있다고 합니다. 개츠비 씨에게는 어떤 원인이 있었을까요? 네, 생각대로입니다. 어머니에 대한 간절함 때문이지요. 일종의 애정결핍이라고도 할 수 있는 그런 점들이 그녀에게서 헤어나올 수 없는 사랑을 만든 것이 아닐까요.

개츠비 네, 인정합니다.

K박사 그런데 그것만으론 부족합니다. 무엇이 또 있을까요? 개츠비 씨의 어린 시절 양육 환경에 비춰보면, 경제적 결핍이 또 다른 이유로 작용했을 겁니다. 너무 가난하고 희망이 보이질 않아 가출을 할 정도였죠. 그리고 데이지 씨는 당신이 만난 여자 중에 최초의 부유한 집안 여성이었고요. 혹독한 가난은 부모의 부재만큼이나 성장에 큰 영향을 주기도 합니다.

개츠비 제 성장 과정의 가장 큰 구멍들만 예리하게 짚어내시네요.

K박사 혹시 궁금해하실 거 같아서, 데이지 씨가 남편을 떠나지 못한 이유를 추정해보자면요. 그분이 궁극적으로 바란 것은 안정된 삶 아니었을까요? 그분 또한 당신을 무척 사랑한 것은 당연한 사실입니다. 그러니 결혼식 전날 당신의 편지를 받고 세상을 다 잃은 사람처럼 울었겠죠. 당신의 부재가 안긴 상실감, 톰과의 결혼, 출산 등 일련의 과정을 겪으면서 그녀는 불확실한 미래보다는 안정된 현재를 택했을 것 같습니다. 당사자의 말을 들어보지 못해서 정확지는 않지만요.

개츠비 슬프네요. 제 사랑이 결국 애착과 경제적인 결핍에 대한 보상이었다니요. 그럴 리 없다는 마음은 변함없지만, 어느 정도 수긍이 되기도 합니다. 데이지가 저를 따라나서지 않은 이유도요.

K박사 저도 마음이 아프네요.

개츠비 생각을 해보니, 제 주위에는 정말 저를 위하는 사람은 없었던 것 같습니다. 외롭네요. 어쩌면 진실한 인간관계에 목말라 있었는지도 모르죠. 그렇게 수많은 파티를 열었지만, 정작 나를 이해하고 감싸주던 사람은 하나도 없었어요. 아! 옆집 사는 닉이라는 데이지의 사촌은 좀 예외였다고 할 수 있겠네요. 저를 그저 동네 호화로운 여관 주인쯤으로 여기는 게 오히려 마음 편했어요. 그래서 숨겨왔던 과거에 대해서도 그 친구에게는 술술 털어놓았던 겁니다. 아…. 가식과 허울뿐인 인간들 사이에서 허허로움을 느낍니다. 장안의 날고 긴다는 사람들이 다 우리 집 파티를 다녀갔는데, 과연 제 장례식에는 몇 명이나 와줄까요?

가벼운 관계에 큰 기대 말고,
진지하고 깊은 관계 지향하는 삶

K박사 개츠비 씨뿐만 아니라, 요즘 젊은이들 사이에서 관계에 대한 중요성이 지나치게 과장된 측면이 없지 않아요. SNS를 하다 보면 친구가 참 많다고 느낄 수 있어요. 글이나 사진을 통

해 쉽게 일상을 공유하니까요. 평소 만날 수조차 없는 유명인과 친구가 될 수도 있죠. 신기하고 자극적이니 재미있을 수밖에요. 어쩌면 인간관계에 어려움을 겪는 사람들에게는 SNS가 소통의 도구로 득이 될 수도 있지만, 그럼에도 진실하고 깊이 있는 관계를 맺기는 힘들어요.

개츠비 인간관계라는 게 대체 뭘까요?

K박사 '행복은 곧 좋은 인간관계'라고들 해요. 깊이 없이 피상적이고 순간적인 자극을 지향하는 관계는 결코 좋은 인간관계라고 할 수 없죠. 모순처럼 들리겠지만, 관계를 늘 무겁게만 느낄 필요도 없습니다. 관계의 특성상 다양한 스펙트럼이 존재하거든요. 문화인류학자인 애드워드 홀Edward T. Hall은 친밀한 정도에 따라 사람과 사람 사이의 물리적 거리가 다르다고 했습니다. 마찬가지로 심리적인 거리도 존재합니다. SNS와 현실 속의 관계는 그 거리감이 다를 수밖에요. 어떤 이유에서든 자극적이고 화려한, 그런 가벼운 관계에서는, 내 영혼의 밑바닥 고통을 이해해주고 받아줄 그런 희망을 기대하지 말아야 한다는 겁니다.

개츠비 가벼운 관계에 큰 기대를 걸지도 또 욕하지도 말라는 거 군요.

K박사 그래봤자 내 손해니까요. 관계 안에서 안정과 발전을 이루려면, 비록 소수라도 좀 더 성숙하고 심도 있는 관계를 지향해야 합니다. 코로나19로 무기력과 소외를 경험하는 사람들이 더 많아진 지금 시대에는 좀 더 진지하고 신중하게 관계를 선택해야 할 필요가 있습니다.

포기하지 않으면
반드시 나아질 수 있어

"한 가지 일에 집중하기가 어려워요.
다만 무엇인가에 꽂히면 정말 미친 듯이 파고들어요.
그게 오래 지속되지 않아서 문제지만…."

동요 가사에서조차 언제나 놀기만 하는 말썽쟁이에 청개구리로 묘사되는 피노키오. 부모의 말을 안 듣고, 쾌락의 유혹에 매번 넘어가 혹독한 고난을 겪지만, 기꺼이 엄마가 되어준 요정과 아빠의 사랑을 자양분 삼아 마음을 고쳐먹는다. 그 후 성실한 태도에 감동받은 요정 덕분에 인간이 되었지만, 세상살이가 만만치 않다. 자신에게 '결정적인' 문제가 있음을 발견한 피노키오가 상담실을 찾았다.

내담자 | 피노키오(男), 舊인형, 現인간 (고전 동화 《피노키오》의 천방지축 꼭두각시 인형)

인간은 쉽게 무너지지 않아, 무기력과 상실감에서 벗어나려면?

피노키오 한 가지 일에 집중하기가 어려워 상담을 왔어요. 요즘 '성인 ADHD'가 많이 언급되던데, 아무래도 제가 그런 거 같아서요.

K박사 ADHD는 '주의력결핍 과잉행동장애'라는 병이죠. 주의가 산만하고, 집중을 못해요. 한시도 가만히 있지를 못하고 부산하게 행동하기도 하죠. 초등학생 자녀를 둔 어머니들이 상담을 많이 와요. 아이가 너무 정신이 없고, 말을 전혀 듣지 않는다면서요. 학교 선생님이 '아이가 수업시간에 집중하지 못하고 다른 아이들에게 방해가 된다'고 지적했다고도 하고요. 그런 아이들은 상담 중에 쉽게 알아차릴 수 있어요. 가만히 앉아 있지 못하고 계속해서 손을 꼼지락거리고, 들썩들썩하죠. 상담실 안의 여러 가지 물건에 지나치게 관심을 보이기도 합니다. 좋게 보면 활동적이고 호기심 많은 아이로 보이기도 하지만요.

피노키오 저도 마찬가지였던 거 같아요. 어린 시절에 정신이 없었어요. 학교에서 가만히 앉아 공부하는 것이 너무 지겨웠어요. 친구들과 뛰어노는 것이 좋아서 가출까지 했죠. 제 경우에는 집중력 부족이나 과잉행동보다는 충동적인 것이 더 큰 문제 같아요. 예를 들면, 인형극이 너무 보고 싶어서 아버지가 당신의 하나뿐인 겨울 외투를 팔아 마련해주신 책도 팔아버렸거든요.

K박사 ADHD라는 병명에 집중력과 과잉행동이 들어가서, 집중과 행동에만 문제가 있다고 생각할 수 있는데요. 실은 충동 조절이 안 되는 것이 핵심이에요. 누구나 선택의 갈등은 겪어요. 놀고 싶다는 마음과 아빠의 희생을 생각해서라도 공부해야겠다는 생각이 부딪칠 수는 있죠. 이때, 충동을 억제하는 전두엽의 기능이 떨어진 경우에는 본능적으로 행동하게 됩니다. 천방지축 말썽꾸러기로 보이겠죠.

피노키오 왠지 어릴 적 저의 어리석었던 행동들이 병 때문은 아니었을까, 하는 생각이 드네요. 물론 병원을 가본 적은 없지만요. 요즘의 저를 돌아보면 그다지 충동적인 거 같지는 않아요. 다만 무엇인가에 '꽂히면' 정말 미친 듯이 파고들어요. 그게 오래 지속되지 않아서 문제지만⋯. 혹시 이런 경우도 ADHD에 속하나요?

K박사 그럴 수 있죠. 성인의 경우에도 집중력이 문제가 됩니다만, 겉으로는 그저 인내심이 부족한 사람 정도로 보입니다. 진득하게 앉아서 회의나 작업을 못하죠. 쉽게 싫증이 나거든요. 운전 중에 발생한 작은 사건에도 격렬하게 화를 내기도 하고요. 누가 봐도 소화 못할 만큼 많은 스케줄을 잡아서 결국 아무것도 못 하기도 하지요. 자고 깨는 패턴도 불규칙하고요. 방 청소를 하지 못해 늘 지적받기도 합니다. 물론 자신들은 필요에 의해서 늘어놓는다고는 하지만⋯.

피노키오 일상생활은 유지할 수 있을지 모르지만, 결코 자신이 원하는 삶을 살기는 힘들겠네요. 특히 저처럼 안정감 없는 인생의 경우에는 더더욱이요. 그런데 ADHD는 왜 생기나요?

K박사 정확히는 밝혀지지 않았지만, 생물학적 원인이 커요. 환경적 요인과 심리학적 요인도 무시할 수 없지만, 그보다는 유전적인 경향이 큰 병이거든요. 부모의 50퍼센트, 형제자매의 30퍼센트 정도가 같은 병을 앓는다고 합니다. 드물게 성인이 되고 나서 발병하기도 하지만 대부분의 성인 ADHD는 소아기에 병을 앓았으나 진단과 치료를 못 받은 경우에 해당합니다. 그래서 아이 치료차 병원에 온 부모가 함께 치료를 받기도 한답니다.

피노키오 무슨 식품첨가물이 원인이 된다면서요? 예방접종도 문제라고 하고요.

K박사 2011년 의학저널 〈랜싯Lancet〉에 네덜란드의 연구 결과가 소개된 적이 있었어요. 인공첨가물이 든 가공식품을 섭취한 아이들과 인공첨가물이 섞이지 않은 식품을 섭취한 아이들을 비교했죠. 결과적으로 인공첨가물이 들어 있지 않은 식품을 먹은 아이들의 집중력이 더 좋았고, ADHD 증상이 완화되었다고 해요. 그런데 생각해보면 상식적인 결과지요. 당연히 인공적으로 화학물질을 첨가하지 않은 식품이 몸에 더 좋지 않겠

어요. 건강을 위해서는 양질의 식품을 균형 있게 먹는 것이 필요하고요. 그런데 예방접종과의 연관성이라니요, 이건 말도 안 됩니다. 예방접종을 받으면 ADHD가 된다거나, 자폐가 된다거나 하는 근거 없는 소문들이 도는데요. 이런 비과학적인 신념으로 부모의 삶이 왜곡되는 것도 걱정이지만, 자녀들은 무슨 죄가 있나요? 소중할수록 더 신중해야 합니다.

충동조절이 안 되는 것이 핵심

피노키오   그런데 거짓말하는 것도 연관이 있을까요? 요즘은 절대로 거짓말을 안 하지만…. 어라! 박사님, 왜 제 코를 보세요?

K박사   아니, 저도 모르게 그만. 불쾌했다면 용서하세요.

피노키오   불쾌하기보다는 뜨끔했답니다. 헤헤. 솔직히 말씀드리면, '절대로'는 좀 과한 표현이고요. 그냥 '거짓말을 안 하려고 노력하지만'으로 수정할게요. 아무튼 저도 모르게 거짓말을 하게 되었거든요. 금방 밝혀질 것임에도 불구하고요.

K박사 충동조절이 안 돼서 그럴 수도 있어요. 뻔한 거짓말을 하는 거죠. 학원에 안 가고도 갔다고 거짓말을 한 청소년이 있어요. 부모가 '학원에서 결석 문자가 왔는데 무슨 소리냐' 하면, 문자 보내는 컴퓨터가 고장이라고 우깁니다. 그 아이는 어떻게든 혼나고 싶지 않을 뿐입니다. 거짓말이냐 아니냐 도덕적 기준이 중심이 되지 못하고, 처벌받느냐 마느냐의 생존적 기준이 중심이 되는 거죠.

피노키오 요즘 TV를 보면 도덕이고 양심이고 다 떠나서, 그저 살아남기 위해서 몸부림치는 모습이 많이 나와요. 그 사람들 다 ADHD 아닌가요?

K박사 글쎄요. 제가 직접 상담하지 못해서 알 수 없습니다만, 거짓말이 꼭 ADHD의 증상으로만 나오는 것은 아니에요. 예를 들어 '망상장애'도 있죠. 비슷한 수준의 교육을 받고, 같은 문화적 배경을 갖고 있음에도 불구하고, 도저히 이해하기 어려운 잘못된 믿음을 망상이라고 해요. 쉬운 예로 의처증 같은 거요. 남편은 아내가 바람피우고 있다고 주장합니다. 막무가내가 아니에요. 나름의 체계적인 증명까지 하죠. 앞뒤 없이 남편 말

만 들으면 불륜을 저지른 아내로 보입니다만, 주변의 상황을 정리하고 팩트를 따져보면, 말도 안 되거든요. 이 또한 거짓말이라 할 수 있죠.

피노키오 당하는 사람은 정말 미치겠네요.

K박사 그 고통은 상상할 수 없죠. 또 있어요. 치매 노인의 경우도 거짓말 증상이 나타나요. 작화증이라고 하는데요. 기억의 흐름이 끊기거나 사라지니까 그 간극을 메우려고 하는 무의식적인 시도 때문에 거짓말을 하게 돼요. 처음 상담 오신 환자분인데도 "우리 언제 봤죠?"하고 물어보면, "아! 지난 장날에 어물전 앞에서 봤잖아!"라고 답하기도 합니다. 또, '조증'의 경우에도 거짓말을 할 수 있어요. 그런 사람들은 비현실적인 초긍정주의자가 되니까, 되고 싶은 소망을 이미 된 것처럼 이야기해요. 평소에 박사가 되고 싶은 열망이 있던 환자분이 자신을 부를 때 '무슨무슨 박사'라고 부르라고 하죠.

피노키오 요즘 허언증 얘기도 많던데, 이 경우도 병인가요?

K박사 병인 경우도 있죠. 뮌하우젠 증후군이라고도 하는데, 스스로를 과장되게 표현해요. 주식에 100만 원쯤 투자하고는 주식 부자인 것처럼 행세하죠. 자신도 그렇게 믿고요. 요즘 유행하는 말로 '관종'이라고 볼 수 있죠. 병원에서 검사를 해봐도 아무런 병이 없는데도 심각한 증상이 나타나는 경우를 말합니다. 몸이 아프면 의무를 피할 수 있거나 주변의 관심과 동정을 받을 수 있으니까요. 허언증의 무의식적인 면이 강하면 병이지만, 의식적인 면이 많다면 인격의 문제랄 수 있겠죠.

피노키오 영화에서 보니까, 사이코패스들은 얼굴빛 하나도 안 바뀌고 거짓말을 하던데요.

K박사 네, 사이코패스의 거짓말도 있네요. 보통 거짓말을 하면 양심 시스템이 가동해서 심리적으로 많이 불편해지거든요. 그런데 양심 또는 도덕적 시스템이 붕괴된 사람이라면, 자신에게 유리하게 거짓말을 술술 하게 되겠죠. 소시오패스도 마찬가지고요.

피노키오 소시오패스요? 사이코패스와 다른가요?

K박사 사이코패스는 범죄와 연루가 되죠. 소시오패스는 그렇지 않아요. 하지만 더 무서울 수 있어요. 과거 금융위기 때 수많은 사람을 해고하고 회사를 부도 위기에서 구해낸 영웅 중에 대다수가 소시오패스라는 연구 결과도 있어요. 뛰어나다고 평가받는 정치가 중에도 적지 않고요. 사실, 모순이자 고민이죠. 이들 때문에 덕을 보는 사람도 틀림없이 있으니까요. 하지만 누군가는 거짓말로 상처를 받거나 곤경에 처할 수 있으니, 경계해야 하는 것은 틀림없어요.

인생은
노력하는 사람의 편

피노키오 듣다 보니, 마음이 좀 어두워지네요. 만약 제가 성인 ADHD라면 어떻게 살아야 하나요? 치료가 가능할까요?

K박사 너무 절망하지는 마세요. ADHD를 가진 위대한 인물들도 적지 않습니다. 에디슨, 모차르트, 아인슈타인, 월트 디즈니 등도 ADHD로 고생을 했어요. 그러니 피노키오 씨도 극복하

려고 노력하면, 원하는 삶을 살 수 있습니다. 당연히 치료도 가능하죠. 현재로서는 약물치료가 주된 치료입니다. 효과도 나쁘지 않아요. 행동치료나 심리치료를 병행하면 더 도움이 되고요. 물론 시간이 필요한 일이에요. 성인이 될 때까지 다양한 환경과의 상호작용으로 잃어버린 것을 되돌려야 하니까요.

피노키오   보이지 않는 마음의 상처라고 해서 절대 무시하고 넘어가면 안 되겠어요.

K박사   물론입니다. 또, ADHD를 앓다 보면 주변 사람들의 눈치를 보는 습성 같은 것이 생기기 쉬운데요. 병보다 버릇이 고치기 힘들 수 있어요. 하지만 포기하지 마세요. 시간은 걸리지만, 회복은 됩니다. 회복이 시작되면 그때부터 삶이 달라집니다. 잊지 마세요. 인생은 노력하는 사람의 편입니다.

상실의 고통에서
나를 지키는 법

인간은 언제 가장 불행하다고 느낄까? 행복과 불행은 주관적인 감정이니 사람마다 다르겠지만, 대부분 첫 번째로 꼽는 가장 불행한 순간은 사랑하는 그 무엇인가를 잃었을 때일 것이다. 프로이트는 '사랑하는 대상의 상실'을 우울증의 주된 원인이라 했고, 스트레스를 일으키는 생활 속의 사건 중에 제일 큰 것 또한 '상실'이다. 미국의 경우는 배우자 죽음이, 그리고 우리나라의 경우에는 자녀의 죽음이 세상에서 겪는 스트레스 중에 최고라고 했다. 상실감은 절망의 구렁텅이 속으로 우리를 밀어 넣는다. 내 곁을 떠난 사람으로부터, 이성적으로는 아니라는 것을 알면서도, '버림받았다'는 생각을 떨칠 수 없다. 상실감이 우리를 불행하게 하는 이유다.

사랑하는 무엇인가를 잃으면 상실감이 생긴다. 그리고 그 대상은 사람이 아닐 수도 있다. 게츠비의 데이지, 피노키오의 제페토 할아버지, 우디의 앤디와 같이 사랑하는 '사람'이 대상이 되는 전형적인 상실감도 있다. 하지만 요즘 임상에서는 함께 살던 반려동물이 세상을 떠난 상실감에 치료를 받는 '펫로스 증후군' 환자들도 적지 않다.

이뿐 아니다. 인생 또는 젊음으로 상징되는 산티아고 노인의 뼈만 남은 앙상한 청새치 역시 상실감의 원인이다. 역설적이지만, 소로가 선택한 월든 숲의 생활은 도시 생활을 버림으로써 가능하니, 이 또한 상실이 될 수 있었을 것이다. 다행히도 소로는 자발적인 버림으로써 얻은 자유가 더 큰 만족감을 주었다. 그에게는 행복이겠지만, 대부분의 현대인이라면 도시 생활의 상실이 큰 스트레스로 작용할 것이라고 쉽게 짐작할 수 있다.

상실은 누구나 겪는 것은 물론이고, 생각보다 흔하다. 상실감에 대한 대비가 없다면, 어느 날 우리는 절망 속에 빠진 자신을 발견할지도 모른다. 상실감을 극복하는 심리적 과정을 애도반응이라고 한다. 부정-분노-협상-우울-수용의 다섯 단계의 애도반응을 통해 상실감은 해결된다. 이들 단계는 명확히 구분되지 않고 혼재되어 나타나기도 하지만, 어쨌든 상실을 현실로 받아들여야 끝이 난다.

반대로 상실을 받아들일 수 없으면 부정의 단계에서 허튼 망상 속에 살게 되거나, 분노로 스스로에게 상처를 주게 된다. 어느 정도 상실을 인정하고 받아들이게 되면 (협상) 일시적인 우울감이 오기 마련이다. 이때 자칫 우울증으로 악화될 수도 있는데, 현명하게 우울감을 해소하고 상실을 기정사실로 받아들이면 비로소 치유된다.

어떻게 하면 상실을 잘 극복할 수 있을까? 뻔한 답이지만, 시간이 약이다. 떠나버린 또는 잃어버린 대상을 지나치게 그리워하는 것은 좋지 않다. 그리움은 곧잘 죄책감으로 바뀌기도 한다. 미안한 감정은 허용되지만, 죄책감은 스스로를 망칠 뿐이다. 거꾸로 기억 속에서 지우려고 애쓸 필요도 없다. 대상과 함께했던 시간을 추억하고, 마치 한 편의 영화를 보는 듯 천천히 감상하고, 장면마다 어린 감정을 느껴보면 된다. 의식하지 않아도, 그러다 보면 마치 총천연색 시네마스코프 같던 아픔이 흑백영화나 무성영화를 보듯이 희미해진다. 그렇게 상실의 고통은 무뎌져 간다.

4부

걱정과 불안에서 벗어나
진짜 나와 마주하는 용기

옳지 않다고 믿는다면, 분노해야죠

"도무지 이번 생이 나아질 수 있다는 희망이 보이질 않아요. 정말 잘 살고 싶은데, 번듯한 계획을 세우고 싶은데, 어디서부터 시작해야 할지 모르겠어요. 완전 '이생망'이에요."

한때는 대한민국 '정상 가족'의 표본이라 할 만한 가정의 장남이었다. 자상한 아버지, 자애로운 어머니 사이에서 여동생과 행복하게 살았던 기우는 아버지의 사업 실패, 어머니의 실직, 연이은 대입 실패를 겪으며 인생의 바닥을 찍었다고 생각했다. 그런데 그것은 본격 고생길의 서막에 불과했다. 재난영화 같은 혹독한 풍파를 맞고 사경을 헤매다 깨어난 기우는 가까스로 대학생이 됐다. 기쁨은 잠시, 또 다른 고난 레이스의 출발점에 선 기분이다.

기우   도저히 견딜 수 없어서 오긴 했지만, 제가 여기 앉아 있
는 게 맞는지 모르겠어요. 주변에 저처럼 취직이 안 돼서 힘들
어하는 친구들이 많거든요. 유독 저만 더 힘들어하는 건 아니
겠죠?

K박사   요즘은 여자 친구랑 싸우고 상담 오는 분들도 있는 걸요.

기우   사실 도대체 뭘 해야 할지 모르겠어요. 어떻게 사는 게
잘 사는 건지…. 대학에 들어간 것도 엄마의 바람 때문이었어
요. 정작 제 자신은 어떤 미래를 원하는지 몰랐거든요. 뭐, 돈
을 많이 벌어야 한다는 강박이 동기라면 동기라고 할 수 있겠
네요. 아무튼 입학은 했지만, 괜히 왔다 싶어요. 어찌나 돈 걱
정 없이 사는 친구들이 많은지요. 세상에 잘사는 사람 많은 줄
은 알았지만, 같이 공부하는 친구들과 처지가 비교되니 너무
힘들더라고요. 어떻게 해야 그 아이들처럼 잘 먹고 잘살 수 있
을까. 공부하면 되겠다 싶을 때는 열심히 공부도 하죠. 그런데

그러면 뭘 해요. 학점 잘 따놓는다고 취직이나 되겠어요? 아니, 취직을 한들 등록금 대출 갚기도 벅찬데, 마당 넓은 이층집은 그림의 떡이죠. 예전과는 달리 점점 비관적으로 변하는 나를 발견할 때면, 죽고 싶을 정도로 힘이 듭니다.

인간의 거의 모든 것을 지배하는 뇌

K박사 마당 넓은 이층집이라…. 부자의 상징이었지요. 그런데 예전에는 어떤 성격이었는데요?

기우 재수 시절까지는 그래도 낙천적이었어요. 큰 욕심도 없었고, 딱히 거창한 꿈도 없었어요. 물론 좀 주눅 들어 있긴 했죠. 누가 잘못을 해도 큰소리 못 치는 성격이었으니까요. 근데 제가 최근에 큰 사건을 겪었거든요. 많이 다치기도 했고…. 그 이후에 성격이 변한 거 같아요.

K박사 어떤 사건인가요? 성격이 변할 정도면 아주 큰일이 있었나 보네요.

기우   하아, 그 얘기를 다 해야 하나요?

K박사   기우 씨를 위해서요. 여기는 기우 씨를 평가하는 자리
가 아닙니다. 어떤 사람인지 이해하는 것이 제일 중요하죠. 그
러니 마음 편히 이야기하세요. 많이 들려줄수록 이해가 깊어지
고, 그래야 더 많은 도움을 드릴 수 있습니다.

기우   네, 그렇담 숨김없이 말씀드릴게요. 친구가 하던 부잣집
과외 아르바이트를 넘겨받았어요. (이하 개인 정보 보호를 위해 생
략) 그때 머리를 심하게 다쳐서 죽을 고비를 넘겼거든요. 저로
서는 감당하기 힘든 상황이 돼버린 거죠. 슬픔과 괴로움에 힘
들어하다가 정신을 차리고 보니 세상에는 넘지 못할 선이 너무
많더라고요.

K박사   그런 영화 같은 일이 있었군요! 충격이 컸겠습니다. 머
리를 크게 다쳤으면 성격이 변할 수 있어요. '기질성 뇌 증후
군'이라고 불리는데요, 행동이나 정서 상태가 바뀌기도 하죠.
뇌는 인간의 거의 모든 것을 지배한다고 해도 과언이 아닙니
다. 특히 전두엽을 다치면, 성격이 충동적이고 공격적으로 바

꿔기도 해요.

기우   저는 그 정도는 아니에요. 다만 중환자실에서 깨어나고 나서 이상한 증상이 있기는 했어요. 상황에 안 맞게 웃음이 나오는 거예요. 요즘은 많이 좋아졌지만(웃음), 이것도 뇌를 다쳐서겠죠?

K박사   그럴 가능성이 있어요. 웃음은 감정의 표현이죠. 감정은 뇌의 변연계에서 관장하거든요. 만약 변연계가 손상됐다면, 부적절한 상황에서 웃을 수 있습니다. 물론 다른 영역도 관련이 있긴 합니다. 하지만 뇌에 이상이 없어도, 조증이나 조현병, 우울증에서 부적절한 웃음을 볼 수 있어요. 조증의 경우는 상상이 되죠? 자기만의 생각에 몰입하면 외부 자극에 관계없이 웃게 되지요. 세상이 하찮고 우스워 보여서일 수도 있고요. 조현병의 경우에는 비정상적인 정서 상태가 흔하게 나타납니다. 울어야 할 때 울지 못 하거나, 되레 웃기도 하죠. 우울증이 심해지면 감정을 느끼고 표현하는 기능이 마비되거든요. 드문 경우이긴 해요.

기우 　아, 듣고 나니 부적절한 웃음이 이해되네요. 박사님, 계속 머리를 맴돌던 궁금증이 생각났어요. 우리 식구들한테 지하철 냄새가 난다고 하는 사람들이 있는데요. 우리가 반지하에 산다고 그러는 건가. 사실 저희는 잘 모르겠거든요. 저만 그런가요? 아님 후각이 둔한 사람이 따로 있나요?

K박사 　그럴 수 있죠. 후각은 반복적인 자극으로 둔감해지기 쉬운 감각이거든요. 하지만 아주 예민하기도 하지요. 후각은 우리의 감각 중에 가장 강력한 기억으로 작용해요. 어릴 적 맡은 냄새는 절대 잊기 힘들죠. 아기 때는 냄새로 엄마를 찾기도 합니다. 콧속에 있는 후각수용체가 뇌와 가장 밀접하게 연결이 돼 있어서 그럴 겁니다. 그런가 하면 식물들은 냄새로 대화를 한다고 해요. 우리가 잘 아는 피톤치드뿐만 아니라 식물이 뿜어내는 많은 냄새는 커뮤니케이션의 도구로 사용되기도 하죠. 동물들도 마찬가지고요. 결국 냄새는 소통 수단의 하나인 셈이지요.

기우 　그럼 좋은 냄새와 나쁜 냄새의 구별 기준이 사람마다 다를 수 있는 거죠?

K박사 그럼요! 어떤 사람에게는 불쾌한 지하철 냄새지만, 그 냄새를 그리워하거나 편안해하는 사람도 존재하지요. 그 냄새에도 어떤 소통의 의미가 존재한다면, 그건 역시 계급을 유지하고 싶은 욕망에 관한 것이 아닐까요.

기우 계급이라는 벽을 생각하니 가슴이 턱 막히네요. 도무지 이번 생이 나아질 수 있다는 희망이 보이질 않아요. 정말 잘 살고 싶은데, 번듯한 계획을 세우고 싶은데, 어디서부터 시작해야 할지 모르겠어요. 완전 '이생망'이에요.

K박사 '이생망'요? 무슨 신조어 같은데….

기우 '이번 생은 망했다'는 거죠. 그냥 대충 살자는 마음이 들기도 해요. 결혼? 내집 마련? 자녀 계획? 꿈도 못 꿉니다. 그런 얘기를 하는 애들도 있긴 한데, 둘 중 하나예요. 금수저거나, 현실 감각이 떨어지거나. 그냥 부모님 집에 빌붙어 살면서 용돈벌이나 하는 게 현실적이죠.

K박사 마음이 아프네요. 요즘 젊은이들은 지나치게 피상적인

자극에 집착한다고 기성세대가 뭐라 합니다만, 실은 상당 부분 기성세대의 잘못이 큽니다. 혹시 여러 가지 이유로 독립하지 못하고 부모님과 함께 사는 친구들이 있다면, 너무 자책하지 말라고 해주세요. 부모 입장에서는 답답하고 속상하긴 해도, 언제까지나 편이 되어줄 겁니다.

기우   박사님, 저는 그런 친구들마저 부러워요. 의지할 부모라도 있으니까요. 제 인생은 제대로 시작도 안 했는데, 이미 마이너스잖아요. 너무 괴로워요. 할 수 있는 거라곤 게임밖에 없어요. 그때만큼은 아무 생각을 안 할 수 있거든요. 근데 걱정은, 자꾸 게임으로 밤을 새우고, 심지어 수업에 빠질 때도 있다는 거에요. 현실 친구들과 등진 지는 이미 오래고요. 친구도 돈이 있어야 만나죠. 엄마는 맨날 게임만 하느냐고 잔소리하시는데, 게임이라도 하지 않으면 정말 미쳐버릴 거 같은데 어떡해요.

K박사   얼마나 힘들면 그러겠어요. 충분히 이해해요. 그런데 게임이 일상생활을 무너뜨리고, 대인관계나 사회활동에 지장을 줄 정도라니. 기우 씨가 생각해도 좀 지나친 거 같지 않아요?

기우 저도 알죠. 문제라고 생각해서 게임을 끊거나 줄이려고 해봤는데, 안 되더라고요. 엄마는 제 의지가 약해서 그렇다는데. 좀 도와주세요.

높은 산을 넘을 때는
산봉우리를 보지 마라

K박사 요즘 언론을 통해 들어서 아시겠지만, WHO(세계보건기구)에서 게임중독을 질병으로 분류했어요. 물론 논란의 여지는 많아요. 게임이 노인의 인지기능 저하를 막는 데 도움이 되고, 우울증을 나아지게 할 수 있다는 연구도 있으니까요. 하지만 정말 중요한 것은, 지금 나에게 발생한 결과죠. 결과가 나쁘면 병이든 현상이든 바로잡아야 합니다. 다른 중독과 마찬가지로 게임 역시 뇌의 신경회로를 변화시켜요. 이게 왜 나쁜가 하면, 인간의 뇌에는 쾌락중추라는 게 존재합니다. 게임이든 미약이든 술이든 이 중추를 통해 쾌락을 반복해서 느끼게 되면, 인간의 감정과 행동을 조절해서까지 쾌락을 탐닉하게 합니다. 그러니까 쾌락에 점점 더 빠져드는 과정은 의지의 문제라기보다는

뇌의 문제죠. 의지 역시 뇌의 지배를 받으니까요.

기우   박사님 말씀 들으니 저 정말 심각한데요. 사는 것도 힘들고, 미래도 막막하고, 게다가 쾌락에 빠져 현실을 부정하고 있으니….

K박사   기우 씨만 그런 건 아니에요. 요즘 많은 젊은이들이 같은 고민으로 고통받고 있습니다. 우선 차근차근 하나씩 내가 할 수 있는 것부터 해봅시다. 가령, 게임중독에서 빠져나올 수 있도록 돕는 치료를 받아보는 건 어때요? 그래서 일상생활을 할 수 있는 상태가 되면, 그때부턴 미래와 현실의 막막함에 대해 고민해봅시다. 높은 산을 넘을 때는 산봉우리를 바라보지 않고 한 발자국씩 나아가는 것이 산을 쉽게 오를 수 있는 방법 중 하나예요.

기우   그렇지만 저는 자꾸 산봉우리가 보이는데 어쩌죠? 세상이 너무 불공평하잖아요. 아버지가 잘나가면 학점 좀 모자라도 대기업 척척 붙는다면서요? 무슨 왕조시대도 아닌데, 부모가 누구냐에 따라 삶이 결정된다니 억울해요.

K박사 참 불공평하죠? 누구는 금수저를 물고 태어나고, 누구는 빚을 물려받으며 태어나죠. 뻔한 이야기 같을 수 있겠지만, 일단은 '세상은 불공평한 곳'이라는 사실을 받아들이는 겁니다.

기우 박사님! 솔직히 그런 얘기 너무 많이 들어서 약간 거부감이 드네요. 말 나온 김에 말씀드리자면, 요즘 청년들은 '세상은 불공평한 곳이니, 열심히 살아보라'라는 류의 이야기를 들으면 분노부터 치밉니다.

K박사 그 마음 이해해요. 그런데 제 이야기가 다 끝난 것이 아니거든요. 좀 더 들어봐줄래요? 세상이 불공평하다는 것을 인정하라는 뜻은, 말하자면 우리의 스타트 라인은 '여기'라고 인식하는 겁니다. 남 탓만 하고, 스스로를 내팽개치는 실수를 범하지 말자는 뜻이에요.

기우 스타트 라인이라….

K박사 알아요. 아주 불리한 스타트 라인이죠. 그럼에도 살아가야 합니다. 마음속을 들여다보자고요. 절대 이대로 끝낼 수는

없을 거예요. 저도 마찬가지지만, 잘 살아보고 싶은 욕망은 본
능이거든요. 아무리 욕하고 화가 치밀어 올라도, 인간답게 사
는 것을 포기할 수는 없어요.

마음에 쌓아두지 말고
적절히 표현할 것

기우 박사님과 얘기하면서 기분은 좀 나아졌는데요. 죄송합
니다만, 우리에게 미래는 없다는 생각에는 변함이 없어요. 저
같은 고민으로 상담을 하는 친구들이 많나요?

K박사 안타깝게도, '취준생 우울증'이란 말이 있을 정도로 많
습니다. 만약 일상생활이 힘들 정도로 불편하면, 다시 말해 우
울하거나, 불안하거나, 잠을 못 자거나, 집중이 도저히 안 된
다면, 상담과 치료가 필요해요. 기우 씨 생각처럼, 물론 치료를
받는다고 100퍼센트 좋아지지는 않아요. 우리는 열악한 환경
에 둘러싸여 있으니까요. 하지만 열심히 상담하고 필요에 따라
약을 먹으면 7,80퍼센트까지는 좋아질 수 있어요. 중요한 사

실은, 그 정도만 좋아져도 역경을 헤쳐나갈 힘이 생긴다는 겁니다. 조금씩 의욕이 살아나고 기운이 생기면 미래를 계획하는 것도 가능해지겠죠.

기우   도대체 이 분노는 어떻게 해야 하나요? 이러다가 무슨 일이라도 벌일 거 같아 두렵습니다.

K박사 저도 걱정입니다. 마치 화병처럼 요즘 젊은이들의 심리 상태는 분노가 지배적인 것 같습니다. 잘 아시겠지만, 분노는 결국 해로운 존재지요. 표현하지 않는 분노는, 역설적으로 당사자를 무기력하게 만들어버립니다. 암과 연관이 될 정도로 건강에도 나쁘고요. 분노를 표현하는 것이 좋아요.

기우   화를 내라는 건가요?

K박사 긍정적인 의미의 분노 표현은, 절대 폭력적이어서는 안 됩니다. 앞뒤 가리지 않는 분노의 표현은 모두를 불행하게 해요. 이성적이고 논리적으로 분노를 표현하고, 저항해야 합니다. 요즘 젊은 사람들이 정치에 관심이 많잖아요? 저는 그것이

저항의 큰 동력이 될 거라고 생각해요. 저항이 별 게 아닙니다. 자신이 속한 집단의 변화를 위해 노력하는 거죠. 토론하고 의견을 나누세요. 우리는 생존해야 합니다.

좋든 싫든
솔직하게 표현하기

"그동안 살면서 아무리 힘들어도 나만 꾹 참으면 괜찮을 거라고 생각했어요.
하지만 옳지 못한 일을 당하면 똑바로 쳐다보며 표현해야 하잖아요.
그렇게 하라고 배웠던 것 같은데⋯. 경력단절에 독박육아⋯.
다들 힘들 텐데, 저만 나약해서 못 참고 이 사회에 분노하는 걸까요?"

1982년생 여성에게 가장 많이 붙여진 이름, 지영. 3남매 중 둘째로 태어난 김지영 씨는 3년 전 결혼해 지난해 딸을 낳았다. 홍보대행사에서 근무하다 출산과 동시에 전업주부로 이른바 '경(력)단(절)여(성)'가 된 지영 씨는 어느 날 갑자기 다른 사람인 양 행동해 가족들을 화들짝 놀라게 했다. 충격을 받은 남편의 권유로 지영 씨는 정신과 진료를 시작했지만, 자신의 증상에 대한 의문이 말끔히 해소되지 않았다. 망설임 끝에 지영 씨는 K 상담실을 찾았다.

내담자 | 김지영(女), 전업주부 (소설 《82년생 김지영》의 주인공)

김지영 처음엔 남편이 제 육아우울증을 걱정해서 병원에 가라고 한 줄 알았어요. 그렇게 마음을 써주는 게 고맙기도 했고요. 알고 보니 제가 친정엄마나 몇 년 전 세상을 떠난 승연 선배인 양 행동을 했다더라고요. 마치 빙의라도 한 것처럼요. 전에 만난 정신과 의사는 저더러 산후우울증에서 육아우울증으로 이어진 매우 전형적인 사례라고 했어요.

K박사 마치 다른 사람처럼 굴었다는 이야기지요? 정작 본인은 기억도 못 하고요. 다른 사람이 보면 귀신이 들린 거 같아 '빙의憑依'라 하기도 하고, 한 사람 속에 여러 사람이 존재하는 것 같으니 '다중인격'이라고 부르기도 하죠. 영화 〈23 아이덴티티〉나 드라마 〈킬미힐미〉, 그리고 너무도 유명한 〈지킬 박사와 하이드〉의 주인공처럼 말이에요. 최근에는 이런 증상을 갖는 병을 '해리성주체장애dissociative identity disorder, DID'라고 합니다.

김지영 저로서는 이해가 잘 안 되네요.

당신의 잘못이 아니야

K박사 제가 보기에 그 당시 지영 씨는 자신이 아닌 다른 사람이 되고 싶었던 것 같아요. 어릴 적 할머니를 비롯한 가족들이 남동생과 차별한 것도 서럽고, 학교나 직장에서 겪은 여러 가지 비합리적인 상황, 게다가 출산과 독박육아로 지칠 대로 지친 심신을 생각해보면, 그럴 만도 하다 싶습니다. 타인이 되어서라도 자신의 힘듦을 표현해서 고통에서 벗어나고 싶었을 겁니다.

김지영 평소 내색은 안 했지만, 정말 힘들었어요. 아이를 데리고 1,500원짜리 커피 한 잔 마시다가 '맘충' 소리 들었을 때는 정말이지 죽고 싶었습니다. 육아에 적극적이지 않은 남편을 비롯해서 이런 상황을 만든 사회와 시스템에 대한 분노로 화가 치밀어 오르는 걸 억지로 가라앉혔어요. 그러다 어느 순간은 다른 여성들도 이런 일을 겪고 있을 텐데, 제가 유독 약해빠져서 이런 증상이 나타나는 건 아닐까, 하는 열패감에 빠져들기도 했어요.

K박사 감기 걸리는 사람이 정해져 있나요? 면역력이 떨어지면 춥지 않아도 감기에 걸리는 거고, 또 아무리 건강해도 추운 날 옷 벗고 다니면 걸릴 수 있는 거죠. 정신과질환도 다르지 않아요. 병의 원인을 연구하는 병인론은 정신질환의 원인을 삼각구조론으로 설명합니다. 즉, 생물학적·사회적·심리적 측면의 원인이 존재하고, 이들이 단독 또는 복합적으로 작용해서 우리를 아프게 합니다. 예를 들어, 우울증의 원인으로서 세로토닌 부족은 '생물학적' 측면이고요. 취준생 우울증은 '사회적인' 측면이 원인이라 할 수 있겠죠. 사랑하는 사람의 죽음과 같은 상실감은 '심리적인' 것이고요.

김지영 저는 특별히 그런 문제는 없는 거 같은데요. 몸이 아주 튼튼한 건 아니지만, 그렇다고 큰 병을 앓지도 않았어요. 차별을 좀 당하기는 했지만, 사랑하는 부모님과 형제가 있고요. 여자가 살기 녹록지 않은 사회라는 건 실감하지만, 그렇다고 신문에 날 만한 큰일을 겪은 적도 없는걸요.

K박사 요즘 지영 씨 같은 문제로 상담을 오는 분이 많을까요, 적을까요? 네, 생각보다 차별과 갈등으로 인해 정신적 고통을 앓는 사람들이 적지 않습니다. 정신과 의사 30년이 되어갑니다만, 요즘처럼 성적 차별로 인한 문제를 호소하는 분들이 많은 적은 없었습니다.

김지영 과연 우리 사회가 긍정적으로 발전하고 있긴 한지 의문이 들 때도 있어요.

K박사 공감합니다. 요즘 사람들은 질병의 치료를 위해 상담받기도 하지만, 마음의 고통을 덜기 위해서 정신과 병원을 찾기도 합니다. 다행히 지영 씨는 정신과적 개입이 시급하다고 느낀 남편이 있었고, 또 스스로도 필요성을 감지했으니 상담을 받게 된 거예요. 결코 남들보다 약해서가 아니고요.

김지영 제가 유독 약하거나 이상해서 빙의 같은 증상을 경험하는 게 아니란 말씀이시죠?

K박사 맞습니다. 지영 씨의 경우에는 사회적 원인이 크게 작용

한 듯합니다. 감기로 치면 면역력이 떨어져서라기보다는 혹한이 몰아쳐서 아픈 것이죠. 다른 사람들이 상담을 받지 않는 것은 견딜 만해서가 아니라, 어떻게 하면 나아질지 모르기 때문이라고 보는 것이 합리적인 생각일 겁니다. 정신과에 대한 편견이 큰 악영향을 주는 대목입니다. 아무튼 지영 씨의 증상이 빙의든 산후우울증이든, 본인의 잘못이나 책임은 아닙니다.

김지영 그렇게 말씀해주시니 마음이 좀 놓이네요. 돌이켜보면, 얼마나 마음이 썩어 들어갔으면 밖으로 나타나는 증상이 그처럼 기괴했을까, 오죽하면 전문의에게조차 까다로운 환자가 되었을까 많이 속상했어요. 애초에 남편이 걱정한 것은 육아우울증이었는데, 사실 산후에 겪은 우울증도 견디기 힘들었어요. 그때 치료를 받았으면, 지금 좀 나았을까요?

K박사 네, 아무래도 초기에 치료했다면 더 빨리 호전됐겠죠. 사회적 또는 심리적인 병인도 중요합니다만, 산후우울증은 생물학적 측면이 지배적입니다. 임신 중 고농도로 유지되던 여성호르몬, 즉 에스트로겐이 출산과 동시에 급격히 떨어져서 발생하는 거죠. 산모라면 누구라도 피할 수 없습니다.

김지영 단순히 호르몬의 문제이기도 하다니, 놀랍네요.

K박사 산후에 발생하는 정신적 문제는 그 정도에 따라 세 가지로 나뉩니다. 산후우울감, 산후우울증, 그리고 산후정신병입니다. 산후우울감은 50퍼센트 정도의 산모가 겪습니다. 가벼운 우울증 정도로 이해하면 좋고, 대개 특별한 치료 없이 회복됩니다. 산후우울증은 10~20퍼센트 정도로 발생하는데, 우울증의 진단 기준에 부합하고 당연히 적극적인 치료가 필요합니다. 그리고 산후정신병은 약 1퍼센트에서 발생하는데, 환청, 망상 등 정신병적 증상이 나타나며 입원이 필요할 수도 있습니다. 하지만 아주 드무니까 크게 걱정할 필욘 없어요. 문제는 산후우울증으로 적극적인 치료가 필요한 경우인데요. 우울증의 가장 일반적인 치료법은 약물치료입니다만, 과거에는 이 약물이 모유 수유 시 아이에게 안 좋은 영향을 미쳐서 치료가 쉽지 않았습니다. 요즘은 수유기는 물론이고 임신 중에도 태아에 영향을 주지 않는 치료가 가능해졌어요. 경두개자기자극술Transcranial Magnetic Stimulation, TMS이라는 효과적인 치료법이 있고, 상담치료를 시도하기도 합니다.

김지영 그럼 육아우울증은요? 생물학적 원인보다는 심리적인 압박감으로 인해 생기는 거 아닌가요?

K박사 맞습니다. 육아, 특히 독박육아의 경우에는 심리적 압박감은 물론이고 박탈감 등 부정적인 감정이 지배할 수 있죠. 사실 육아를 하면서 주부들이 겪는 노동의 강도를 고려하면, 생물학적 요인으로 볼 수 있다 해도 과언이 아니지만요.

두 가지로 생각해볼 수 있어요. 첫째는, 육아 중 우울증이 새롭게 발병하는 경우입니다. 육아기의 문제가 우울증의 원인으로 작용한 경우죠. 또 다른 한 가지는 산후우울증의 연장선상에서 보는 거죠. 과거에는 정신의학계에서도 산후우울증은 일시적인, 그러니까 아이를 낳고 일정 기간이 지나면 사라지는 병으로 인식했습니다. 하지만 최근에는 육아기 또는 그 이후에도 지속되는 만성적 질병으로 인식하고 있습니다.

김지영 비단 산모 개인의 문제로 끝나지 않겠네요.

K박사 네, 그래서 산후우울증이든 육아우울증이든, 치료에는 가족의 도움이 절실합니다. 모든 산모는 출산 후 호르몬이 떨어져 신체적·정신적으로 급격한 혼란을 겪습니다. 또한 육아기는 일생을 통틀어 가장 고된 시간 중 하나입니다. 부모가 될 마음의 준비와 각오가 반드시 필요하겠죠. 부부가 육아를 분담하는 것은 '경우에 따라서'가 아니라, '절대 필수'라는 걸 잊지 말아야 합니다.

김지영 제 치료가 늦어진 것에 대한 변명이 될 수도 있겠는데요. 그동안 살면서 아무리 힘들어도 나만 꾹 참으면 괜찮을 거라고 생각했거든요. 어릴 적 저는 늘 언니 옷을 물려 입었는데, 남동생은 새 옷을 입었어요. 이건 아니다 싶었지만, 한 번도 엄마에게 나도 새 옷 사달라고 말한 적이 없어요. 초등학교 때는 저를 괴롭히던 짝꿍에게 한마디 따끔하게 쏘아주지도 못했어요. 커서도 마찬가지예요. 홍보대행사 근무 시절에는 클라이언트로부터 비합리적인 대우를 받고도 참았고, 독박육아하는 저에게 기껏 '도와줄게'라며 남 얘기하듯 하는 남편에게도 제대로 항의하지 못했어요. 옳지 못한 일을 당하면 똑바로 쳐다보며 표현해야 하잖아요. 그렇게 하라고 배웠던 것 같은데…. 표현에 서툰 제 성격 탓일까요?

K박사 사실 지영 씨가 표현을 잘하는 성격이었으면 그런 증상이 나타나지 않았을 수도 있어요. 성격이란 것이 타고난 기질은 물론 양육 환경이나 삶의 다양한 경험들에 의해 결정되는 거거든요. 지영 씨의 성격이 타고난 것일 수도 있지만, 이참에 형제간의 서열에 주목해봅시다. 1960년대 심리학자 케빈 레만 Kevin Leman은 형제간의 서열이 성격을 규정지을 수 있다고 봤어요. 지영 씨가 초경을 경험한 날, 식구들과 라면 먹던 상황을 돌이켜봅시다. 언니가 "엄마는 막내에게만 잘해주는 거 같다"며 "차별하지 말라"고 대들었지만, 지영 씨는 입을 닫은 채 눈치만 보고 있었다고 했지요. 그런 겁니다.

김지영 저는 소위 말하는 전형적인 둘째였어요.

K박사 그렇군요. 대개 첫째는 부모들의 기대가 크니까 관심을 많이 받죠. 책임감과 함께 권리도 많아요. 그래서 당당한 첫째도 있고, 위축된 첫째도 있어요. 반면 막내는 귀여움덩어리지요. 자유분방하고 의존적인 면이 많아요. 보통 둘째는 눈치를

많이 살핍니다. 그리고 자기 할 일 알아서 잘하고요. 덕분에 다른 사람들로부터 성격 좋다는 이야기를 듣겠죠. 싫은 소리 안 하고 참는 편이니까요.

김지영 족집게시네요.

좋든 싫든
표현하세요

K박사 물론 단순히 둘째이기 때문에 지영 씨 성격이 그렇다는 것은 아니에요. 기질적으로 조심성이 많거나 공감력이 뛰어나거나 참을성이 강하기 때문일 수도 있어요. 또 학교와 사회에서의 경험도 많은 영향을 주었을 거예요. 이제부터라도 자신의 생각을 잘 표현해보세요. 부정적인 경우든 긍정적인 경우든 말이에요. 처음에는 쉽지 않겠지만 성숙하고 건강한 삶을 위해서는 반드시 필요한 과정입니다.

김지영 말씀을 듣다 보니 시야가 좀 트이는 기분입니다. 박사님, 저는 아이를 낳으면, 아니 임신을 하면 모성애가 자연스럽게 생겨서 마구 분출되는 줄 알았어요. 그렇게 배워왔고, 사회도 그런 면만 부각시켰으니까요. 강요된 모성애라는 생각을 지울 수 없어요. 임신과 육아는 축복받은 신성한 여성의 의무인데, 거기에 대해 반기를 들거나 불편함을 호소하면 마치 불경죄라도 저지르는 것처럼 대하잖아요.

K박사 사람에 따라서 모성애를 보는 관점이 달라요. 사회적인 입장, 종교적인 입장, 진화론적 입장, 그리고 정신과적 입장도 있어요. 너무 논란이 많아서 제 개인적인 생각을 이야기하는 것은 그다지 현명한 생각은 아닌 듯합니다. 다만 정신과적으로는 엄마만이 아닌 부모와의 애착이 아이의 성격은 물론 신체와 정신의 발달에 절대적이라는 말씀은 드리고 싶어요. 안정적인 애착에는 아빠의 참여가 반드시 필요하고요.

김지영 아빠의 육아휴직을 우리 사회의 미래를 위한 가장 효율적인 투자로 받아들이는 분위기가 되었으면 좋겠어요.

당신의 잘못이 아니에요

"디지털성범죄 피해자입니다. 불안하고 두려워서 잠을 잘 수가 없어요.
정말이지 그때를 생각하면 피가 거꾸로 솟아요….
그런데 왜 자꾸 제 잘못이라는 생각이 드는 거죠?"

한때 전설로 통했던 형사 박미영(라미란)은 결혼 후 안정적인 생활을
위해 '박 주무관'이 되어 성산경찰서 민원실에서 근무하던 중 신고를
하러 온 서진(박소은)과 만난다. 박미영의 엄청난 친절 응대에도 불구
하고 신고를 하지 않고 돌아가다 차도에 뛰어든 서진은 불법 약물 및
디지털성범죄 사건의 피해자였다. 유사 사건 피해자들이 오히려 자
신의 잘못을 탓하는 것에 화가 난 박미영은 시누이이자 후배 형사인
조지혜(이성경)와 함께 범죄조직 일망타진에 나선다. 그러나 범인 검

내담자 | 서진(女) (영화 〈걸캅스〉 속 디지털성범죄 피해자)

박미영 수고하십니다. 성산경찰서에서 나왔는데요. 디지털성범죄 피해자인 서진 씨의 요청으로 상담을 진행했으면 합니다.

K박사 이렇게 함께 와주셔서 고맙습니다.

박미영 아닙니다. 우리나라 국민이라면 누구라도 필요할 때 곁을 지켜야 하는 것이 대한민국 경찰의 임무거든요. 밖에서 대기하겠습니다! 김 박사님, 잘 부탁드립니다. (거수경례하며) 충성! 아, 아니지. 죄송합니다. 버릇이 돼서…. (머리를 긁적이며 상담실을 나간다.)

K박사 자, 그럼 이야기를 들어볼까요. 어떤 일이 있었나요? 지금부터 하시는 말은 서진 씨의 동의가 없으면 한마디도 밖으로 나갈 염려가 없어요. 비밀보장에 대한 신뢰가 상담의 기본 원

칙이니까요.

서진　요즘 자주 놀라요. 전과 달리 조금만 큰 소리가 들려도
요. 특히 비트가 강한 음악이 들리면 심장이 터질 것 같아요.
그리고 남자들만 보면 겁이 나요. 길에서 술 취한 남자만 봐도
온몸이 얼어붙는 느낌이 들죠. 바보 같지만 그 사람을 피해서
멀리 돌아가야만 해요. 잠도 못 자요. 밤이 되는 게 너무 두려
워요. 매일 나쁜 일을 당하는 꿈을 꾸고, 화들짝 놀라서 깨요.
더 괴로운 건, 오랫동안 잠을 못 잤는데도 낮에도 온몸의 신경
이 다 곤두선다는 거예요. 차라리 중환자실에 누워 있을 때가
더 편했다는 생각이 들 정도이니…. 실은 제가 아주 안 좋은 일
을 당했거든요.

K박사　아마도 외상후스트레스장애, 즉 PTSD일 가능성이 높네
요. 흔히 경험할 수 없는 일을 겪고 나서 과도하게 각성이 되고
비슷한 상황을 회피하게 되며 악몽을 꾸기도 합니다. 공황장애
나 우울증으로 넘어가는 것도 흔하고요. 이전에는 전쟁에서 살
아남은 군인들에게서 발병해 '전쟁피로증후군'이라고 불렀습
니다. 소방관이 재난에 가까운 화재를 진압하고 난 후 겪기도

하고요. 요즘은 PTSD의 진단적 기준이 많이 달라져서, 공포를 불러일으키는 영상물에 노출되어도 앓기 쉽다고 합니다. 만약 서진 씨의 경험이 일반적으로는 겪을 수 없는 사건이라면, 뇌의 신경회로와 심리적 구조에 큰 타격을 주어 병이 생길 수 있어요. 하지만 치료가 불가능한 것은 아닙니다.

서진   박사님. 더 심각한 문제가 있는 거 같아요. 제가 사고를 쳤어요. 지금 생각하면 아찔해요. 제가 좀 더 견디면서 도움을 요청해야 했는데…. 달리는 차에 뛰어들어 죽으려고 했거든요. 간신히 살아났어요. 이렇게 정신을 차리고 나니 다행이라는 생각이 들기도 하지만, 너무 고통스러울 때는 차라리 그때 죽었더라면 싶기도 해요. 어떤 마음이 진짜인지 모르겠어요. 실은 요즘도 문득 죽고 싶다는 생각을 해요.

K박사 아주 큰일 날 뻔했네요. 그렇게까지 해야 할 이유가 있었나요?

서진 더 이상 살아갈 힘이 없다는 절망감 때문이었던 거 같아요. 제가 디지털성범죄를 당했거든요. 나를 아는 사람들이, 아니 나를 모르는 사람들도 그 영상을 본다면…. 생각만 해도 끔찍해요. 경찰에 신고를 해야 하는 건지, 어디에다 하소연을 해야 할지 당최 모르겠더라고요. 선생님, 저 좀 도와주세요. 살고 싶어요.

K박사 마음이 너무 아픕니다. 불법촬영 문제로 상담실을 찾는 분들이 있습니다. 인간의 어떠한 행동이라도 이해하고 수정하는 것이 주업인 정신과 의사지만, 저도 인간인지라 인간으로 존중받지 못할 짓을 하는 이들에겐 분노가 치밉니다. 아주 엄한 징벌이 필요하다고 생각하고요. 서진 씨, 마음을 다잡으세요. 결코 서진 씨 잘못이 아니에요. 신고하러 갔다가 박 주무관님을 만났다고 들었는데, 현명한 행동이었어요. 경찰서를 찾을 용기를 내기 쉽지 않았을 텐데, 서진 씨는 정말 강한 사람이에요.

서진   그렇죠? 제 잘못 아니죠?! 정말이지 그때를 생각하면 피가 거꾸로 솟아요. 그런데 왜 자꾸 제 잘못이라는 생각이 드는 거죠? 그때 클럽에 가지 않았다면, 그 자리에 따라가지 않았다면, 따라주는 술을 의심 없이 마시지 않았더라면, 그런 일이 없었을 텐데…. 부주의했던 제 자신이 문제라는 생각에 더 고통스러워요.

K박사   이렇게 나쁜 일을 겪으신 분들 중에는 스스로의 잘못 때문이라고 생각하는 경우가 적지 않아요. 사건을 유발시킨 것이 자신이라고 책망하기 때문이죠. 어떤 경우에는 자신을 공범처럼 생각하기도 하고요.

서진   심지어 공범으로까지요?

K박사   100퍼센트 틀린 생각입니다! 이런 범죄는 폭력에 의해서 이루어집니다. 실제론 신체적 위해가 없더라도, 위해를 가할 수 있다는 위협과 공포를 조성하죠. 그런 극심한 공포 상황에서는 누구라도 제대로 판단을 할 수 없는 혼란스러운 심리 상태가 됩니다. 누구라도요. 그래서 사건을 떠올리면, 그 상태

가 다시 재생되어 판단이 흐려질 수 있어요. 설상가상, 그럴 때 주변에서 '왜 그런 곳에 갔느냐, 왜 스스로를 방어하지 못했느냐'는 식의 질책을 하면 '내 잘못'이라는 생각이 굳어지게 됩니다. 이제부터라도 상황을 냉정하게 이해해야 합니다. 다시 한번 강조하지만, 절대 서진 씨 잘못이 아니에요.

서진 　네, 가능하면 자책하지 않도록 노력할게요. 그런데 또 다른 문제가 있어요. 문제의 영상을 다 지웠다고는 하지만, 혹시나 하는 마음에 스마트폰으로 하루 종일 검색을 하기도 해요. 지하철에서 낯선 사람과 눈만 마주쳐도 그 사람이 영상을 본 것만 같은 생각이 들고요. 하루하루 불안을 떨칠 수가 없어요.

K박사 　강박적으로 불안한 생각이 침습해서 그래요. 이 역시 외상후스트레스장애의 한 증상입니다. 일단 범인들이 검거됐으니 안정하면서 처벌을 지켜보는 건 어떨까요? 이렇게밖에 말할 수 없어서 안타깝습니다만, 그래도 지금 기댈 수 있는 건 공권력이니까요.

서진 　어떻게 알아요? 세간의 주목을 받았던 유사한 사건에서도 누구 하나 제대로 처벌받는 분위기가 아니잖아요. 이렇게 피해자만 만신창이가 되고 마는 경우가 얼마나 많은데요. 정말 분통이 터진다고요! 그렇게 하나둘 아무 일 없었다는 듯 풀려나서 버젓이 똑같은 범죄를 또 저지를 게 뻔하지 않나요?

K박사 진정하세요. 숨을 한번 크게 들이마셨다가 천천히 내뱉으십시다. 열 번만 할까요.

서진 (천천히 심호흡을 한다.)

K박사 이제 냉정하게 생각해봅시다. 그런 동영상이 정당하고 개방적인 경로를 통해서는 절대 유출될 수 없겠죠. 좋지 않은 목적을 가지고 어둠의 경로를 통해 불법적으로 보는 사람들 역시 공범입니다. 당연히 처벌받아 마땅한 대상들이고요.

서진 저도 어떻게 해야 할지는 알고 있어요. 지켜봐야겠죠. 혹시나 하는 마음으로 초조하지만, 평생 그래서는 안 된다는 것도 알아요. 지금의 불안과 두려움이 조금 가라앉고 나면, 제 길을 걸어야 한다는 것도요.

K박사 맞는 말씀이에요. 그럼에도 억울하고 화가 날 겁니다. 용서도 안 될 겁니다. 얼마간은 마음껏 미워하고 저주해도 됩니다. 다만 분노는 내 몸도 망친다는 걸 기억하세요. 우리 몸에 독성물질을 가득하게 만들죠. 흔히 이야기하는 코르티솔이나 아드레날린 같은 호르몬이 우릴 힘들게 하거든요. 분노에서 벗어나는 일은 오로지 나 자신을 위한 길이라는 것을 잊지 마세요.

'나쁜 기억'과
'부정적 감정'을 분리

서진 저를 위한 것이라고요? 그렇게까지는 생각 안 해봤는데, 분노를 뛰어넘어야 할 이유가 생겼네요. 근데 쉽지가 않아요. 대체 얼마나 더 기다려야 할까요?

K박사 우선 나쁜 기억과 그에 따른 부정적 감정을 분리하는 것이 필요하겠죠.

서진 잘 이해가 안 돼요. 어떻게 기억과 감정이 분리가 되나요?

K박사 설명을 해보죠. 어떤 기억을 떠올릴 때 괴로움이나 부끄러움 등 그때 느꼈던 감정이 그대로 다시 떠오를 때가 없나요? 물론 긍정적인 것도 있어요. 기쁨, 즐거움과 같은.

서진 어릴 적 기억을 떠올려보면, 엄마와 함께 놀던 기억은 생생하네요. 그때 입었던 옷, 함께 먹은 음식, 그리고 엄마 냄새까지….

K박사 그런 좋은 기억은 언제든 마음을 따뜻하게 해줍니다. 추억에서 위로를 얻는 거죠. 반대로 나쁜 기억과 부정적 감정들은 거꾸로 우리를 괴롭힙니다. 기억은 등록, 저장, 재생의 3단계를 밟아요. 저장 과정에서 늘 사용하는 기억들은 창고를 열자마자 잘 보이는 곳에 정리되어 있겠죠. 집 비밀번호나 학교 가는 길 같은 거요. 반면에 쓸모없는 기억은 창고 속 깊숙한 곳에 두게 됩니다. 어디에 뒀는지 모르면, 망각한 거죠. 이런 체계가 있어야 효율적으로 기억창고를 이용할 수 있겠죠. 문제는 나쁜 감정과 얽혀 있는 기억들입니다. 이놈들은 기억창고에 못 들어가요. 늘 문 앞에 있다가, 비슷한 기억이 다가오면 당시와 같이 힘든 감정을 떠올리게 만듭니다.

서진 그래서 비슷한 사람만 봐도 심장이 방망이질을 치고 두려움에 휩싸이게 되는 거군요.

K박사 네. 이 부정적 감정과 기억의 복합체를 분리할 수 있는 치료법이 있어요. 상담을 하면서 안구운동을 하는 EMDR Eye-Movement Desensitizing and Re-processing이라는 치료법으로, 감정과 분리된 기억을 정리할 수 있어서 외상후스트레스장애를 치료하는 데 효과가 있어요. 물론 인지치료와 함께 약물치료도 받아야 하고요. 조언 하나 하자면, 어떤 치료든 제대로 교육받고 안전을 최우선으로 하는 곳에서 받아야 한다는 점입니다.

서진 치료법이 있다니 다행이에요. 평생 이렇게 힘든 기억을 어떻게 지고 갈까, 늘 걱정했거든요. 박사님 말씀처럼 나쁜 기억을 완전히 지울 수는 없지만, 가능하면 기억창고 아주 깊은 곳으로 사라지게 할 수 있다면 좋겠어요.

K박사 누구나 힘든 일을 겪지요. 물론 그 일의 경중은 틀림없이 존재해요. 하지만 남들이 뭐라 하든 신경 쓰지 마세요. 남의 일이라고, 자신만의 시선으로 판단한 것이 다 옳다고 믿는 것

은 어리석은 짓이니까요. 그리고 아시다시피 두려움은 완전히 사라지진 않지만 분명히 나아집니다. 그러니 한 걸음씩 나아가 보자고요. 그러다 보면 어느 날 온전한 서진 씨 삶으로 다시 돌아갈 수 있어요.

절대
지지 않기를

서진　제 삶으로 돌아가려면 얼마나 걸릴까요?

K박사　아마도 긴 시간이 필요하겠죠. 그래도 병의 경과와 예후를 생각해보면, 어려운 점보다 좋은 점이 더 많아요. 좋은 점부터 말씀드리자면, 스스로를 위해 신고라는 어려운 결정을 내린 점이나, 이렇게 상담을 통해서 치유하고 회복하려는 노력을 하시는 게 긍정적인 신호입니다. 또 아직 젊고 본인의 심리적 상태를 잘 볼 수 있는 눈도 갖고 계시고요. 어려운 점이라면, 지금의 트라우마는 완벽히 지울 수 없다는 점은 말씀드렸고…. 또 어떤 이유든 한번 자살을 시도하면 다음에 자살할 확률이

40배 정도 높아요. 우울증의 측면에서 안 좋은 예후인자지요.

서진 절대 안 그럴 거예요. 이번에 아프면서 가족의 소중함을 알았거든요. 엄마의 우는 모습을 보고 가슴이 찢어지는 거 같았어요. 또 박 주무관님이나 친구들처럼 저를 돕기 위해 애쓰는 사람들의 모습을 보면…. 절대 그럴 수 없죠.

K박사 맞아요. 저도 서진 씨가 두 번 실수는 안 할 거라고 믿어요. 이제부터라도 서진 씨에게 어울리는 삶의 의미를 찾아보자고요. 살면서 겪는 트라우마들이 살아가는 힘을 빼앗기도 하지만, 그럼에도 역경을 이기면서 우린 더 단단해지잖아요. 절대 자신의 잘못으로 착각하지 않았으면 좋겠어요. 당연히 목숨을 끊을 이유도 없는 거고요. 자신을 돌보는 데 최선을 다하세요. 절대 지지 말자고요.

삶의 상처를 눈감지 말고
똑바로 봐요

"날 피똥 싸게 한 놈을 없앤 후 자꾸 안 좋은 기억이 떠올라요….
괴로움 잊는 데는 뽕이 직빵 아닙니까?"

1970년대 하급 밀수업자로 살다가 모진 고문 끝에 수감된 이두삼.
그는 교도소에서 마약단속반에 끈이 있는 최진필을 만나 '마약 사업'
에 발을 담근다. '메이드 인 코리아'라는 이름을 붙인 히로뽕(필로폰)
을 일본에 수출하며 엄청난 돈을 벌어들인 이두삼은 마약단속반과
정계에 돈을 대며 법망을 피해 승승장구한다. 가족도 버리고 마약왕
국을 지키기 위해 살인까지 저지른 그는 결국 마약중독자로 전락하
고, 10·26으로 세상이 바뀌자 검은돈으로 쌓은 인맥마저 물거품이

내담자 | 이두삼(男), 밀수업자 (영화 〈마약왕〉의 뽕쟁이)

K박사 새마을금고 이사, 부산나라발전협회 이사, 대한여자배구협회 협회장, 한국반공연맹 고문, 한국슈베르트연구회…. 명함이 이렇게 많은 분은 처음 봅니다.

이두삼 제가 식품유통업을 했습니다. 일본에 새 시장을 개척해서 돈 좀 벌었다 아닙니까. 하하하. 명함들 보시다시피 낮엔 선량한 모범시민처럼 보이지요. 수출이 애국이던 시절 아닙니까. 애국이 별겁니까. 일본에 마약 수출해서 '뽕쟁이'를 만들었으니 이게 애국 아니겠습니까.

K박사 당황스럽네요. 이두삼 씨가 얼마나 큰 잘못을 저질렀는지 정말 모르시나요? 인간을 망가뜨리는 가장 무서운 악이 마약입니다. 그런 현상이 사회 전반에 걸쳐 광범위하게 일어나면 나라가 망하는 거고요. 일본 망하게 하려고 일부러 그랬다니요! 그런데 어쩌다 마약을 하기 시작했나요?

이두삼 원래 난 뽕 안 한다 했어요. '칫 뽕이 개뽕이다. 첫 뽕 못 잊어 걸뱅이 된다'는 말도 있지 않습니까. 근데 내 무덤 내가 팠지요. 마약단속반 김인구 검사 말마따나 그거 하면 하늘에서 천사하고 악마하고 내려온다 하던데… 마 어쨌든, 백운창이가 날 그리 집요하게 쫓아다니며 괴롭히지만 않았어도 내가 내 몸에 주사 놓는 일은 없었을 겁니다. 유엔파 보스가 꼬리 자르려고 나를 중정(중앙정보부)에 넘기는 바람에 백운창이한테 고문당하고 피똥 쌌다 아닙니까. 3년 만에 일본에서 다시 만난 그놈을 없애고는 속이 시원했지요. 근데 뒤처리했던 기억이 자꾸만 나서 어쩔 수 없대요. 안 좋은 기억 잊는 데는 뽕이 '직빵' 아니겠습니까. 괴로워서 그랬습니다, 괴로워서.

K박사 그래서 잊힐까요? 약효가 떨어지면, 다시 예전의 악몽이 떠오르겠죠. 말씀하신 대로 마약을 하면 인간의 감정을 조절할 수 있습니다. 마약마다 차이가 있기는 하지만, 기분이 좋아지기 위해 사용하겠죠. 두삼 씨가 말하는 '뽕'은 암페타민amphetamine이라는 물질을 말합니다. 사용 초기에는 반응시간이 빨라지죠. 그때는 순간적으로 사람이 똑똑하거나 강해보이겠죠. 각성 상태가 지속되면서 심하게 흥분하거나 집중력이 좋아

지고, 기분도 행복해집니다. 놀기에 딱 좋으니, 마약이 성행하는 나라에서는 '파티 드러그' 또는 '레크리에이션 드러그'라고 부르기도 하죠.

이두삼 엄청 전문적이시네요.

K박사 무서운 부작용도 있습니다. 기분을 더 좋아지게 하려고 많은 양을 사용하면 부작용이 생기게 마련이죠. 특히 심장에 무리를 줘 죽음에 이를 수 있고요. 무엇보다도 마약은 내성이 생깁니다. 같은 효과를 얻기 위해 점점 사용량이 늘어나야 하는 거지요.

이두삼 그건 제가 잘 압니다.

K박사 자랑하실 일은 아니고요. 문제는 장기간 사용할 때 더 커집니다. 편집증이 생기고 환각을 경험하게 되죠. 폭력적인 행동으로 문제를 일으키기 쉽고요. 약에 집착하게 되면서 하루 종일 약만 찾느라고 혈안이 됩니다. 또 예전에 간질이라고 부르던 경련 증상을 일으키기도 하고요. 신체적으로 호흡계나 신

경계를 병들게 하죠. 결국 정신병, 치명적 고혈압, 의식소실, 뇌졸중, 심장마비 같은 치명적인 질병을 얻게 되는 겁니다.

이두삼 뽕 오래 하면 의처증 걸린다고 하던데…. 맞는 얘긴가 보네요.

K박사 네. 진단명으로는 '약물사용으로 인한 정신병, 질투망상'이라고 합니다. 그럼에도 불구하고 자꾸 약을 찾는 이유는 금단증상 때문이죠. 약을 중단하면 공황발작과 같은 엄청난 불안감이 엄습합니다. 악몽도 꾸게 되고, 비정상적으로 과도하게 졸음이 몰려오는 과면증에 시달리게 되죠. 중증의 우울증이나 망상장애로 넘어가기도 하고요. 자살을 시도하는 경우도 적지 않아요. 그런데 마약만 하면 이런 증상이 감쪽같이 사라지거든요. 그래서 끊을래야 끊을 수가 없게 되는 거죠. 금연이나 금주를 시도해본 사람이라면 잘 알 겁니다.

이두삼 박사님, 근데 알 수 없는 게 하나 있습니다. 금수저 물고 태어난 재벌 3세가 뭐가 아쉬워서 마약을 하는지 모르겠더라고요. 뉴스를 보면서 이게 현실인가, 영화인가, 생판 이해가 안 갑디다.

K박사 소위 금수저라고 불리는 사람들이 마약을 하는 이유는 여러 가지로 추정해볼 수 있어요. 단지 돈이 많아서만은 아닐 거예요. 마약은 부자를 가난뱅이로 만들 수는 있지만, 결코 부자만 탐닉하는 것은 아니니까요. 그들 중에 유학생이 많아서 그런 것은 아닐까 추정해봅니다. 아무래도 외국에서 살다 보면 마약을 접할 기회가 많았겠죠. 문화적으로 마약 사용을 일시적 일탈로 보는 너그러운 시선도 한 요인일 수 있고요. 미국이나 유럽에서는 파티를 즐기기 위해 마약을 한다는 이야기를 들어보셨을 겁니다.

이두삼 영화나 뉴스에서 자주 본 거 같네요.

K박사 일단 마약에 맛을 들이면, 재벌이든 아니든 상관없습니다. 다른 정신과 질병처럼, 마약 중독은 생물학적 문제와 심리적인 문제가 원인이 될 수 있어요. 하지만 사회적 원인의 측면에서, 재벌이든 아니든 외국이든 한국이든, 마약을 접하기 쉬운 사회가 되면 모두가 위험할 수 있습니다. 이렇게 사회가 개인을 병들게 할 수도 있기 때문에, 우리가 함께 이 문제를 고민하고 대책을 마련해야 합니다.

이두삼 그러면 외국 사람들은 전부 뽕쟁이겠네요. 마약에 관대하다면서요. 그런 데서 팔아먹을 걸 괜히 마약청정국인가 뭔가 하는 데서 장사하다가….

K박사 마약에 문화적으로 관대한 나라들이 마약범죄에도 관대한 것은 아닙니다. 마약을 소지하고만 있어도 중형 심지어 사형을 집행하는 나라도 있다는 걸 아셔야 할 겁니다. 사회적·문화적 분위기가 마약을 두렵게 생각하지 않으면 결국 마약범죄와 마약환자를 양산한다는 뜻입니다. 물론 개인적인 원인도 절대 간과할 수 없어요. 아까 물어보신 금수저 이야기는 마약에 빈번히 노출되기 때문이기도 하지만, 어느 정도 특권 의식도

반영되었다고 봅니다. 그들은 여느 젊은이들이 누리는 합법적인 쾌락 추구 행위, 예를 들면 술과 담배, 또는 운동과 취미활동 등은 이미 섭렵했을 거라고 쉽게 상상해볼 수 있겠죠. 돈과 시간만 있으면 넘치게 즐길 수 있을 테니까요. 그렇지만 그런 쾌락에 진력이 나면 더 큰 자극, 더 흔치 않은 자극을 찾게 될 겁니다. 그것이 마약은 아닐까 추측해봅니다.

대마는 비교적 안전하다는 오해

이두삼 근데 박사님. 대마초는 안전한 거 아닙니까? TV 뉴스에 보니까 의약품으로 허가가 났다고 하던데요. 의존성도 없고, 알코올중독보다 범죄와 연관되는 경우도 없고. 아까 말씀하신 금단도 내성도 없다면서 무슨 유명한 연예인도 대마 합법화하라고 운동하고 그러던데….

K박사 대마에 대해서는 논란이 많죠. 지금 말씀하신 것처럼 대마가 다른 마약과는 다르고 비교적 안전하다는 오해가 만연합

니다. 절대 팩트가 아니죠. 정신과 전문의로서, 대마 역시 마약만큼 위험하다는 점을 강조하고 싶습니다.

이두삼 확실합니까, 박사님?

K박사 이 분야의 대가인 케빈 힐Kevin Hill 하버드대 정신과 교수의 연구에 따르면, 마리화나의 가장 큰 문제는 '헤로인 같은 악마의 약이 아니니 사용해도 문제가 없다는 터무니없는 미신'이라는 겁니다. 의존성, 내성, 금단이 없다는 것은 거짓말이에요. 보통 대마를 피우면 흥분되는 것이 아니라 안정이 돼서 폭력적이지 않다고 하는데, 폭력적인 성향이 적다고 안전한 약물은 아니지요. 실제 연구에 의하면 사고장애, 우울증, 불안장애, 심지어 정신병도 유발할 수 있습니다. 또한 다른 마약처럼 일정기간 사용하게 되면 내성과 의존성이 생기고요. 의존성이 드물다고 주장하지만, 미국의 경우 대마의존증의 유병률이 9~17퍼센트입니다. 이 정도면 미국에서만 수백만 명이 대마의존증을 앓고 있다는 얘기입니다.

이두삼 확실히 무시할 수 없는 숫자긴 하네요.

K박사 게다가 대마는 다른 마약의 중독으로 가는 진입로가 될 수 있다는 것도 큰 문제입니다. 인위적으로 기분을 조작할 수 있다면, 그리고 그 기분에 힘 안 들이고 도달할 수 있다고 믿는다면, 결국 다른 약물도 사용하고 싶어지거든요. 불안감을 가라앉히기 위해 대마를 했다는 사람이 쾌락적인 약물에는 절대 안 빠질 거 같지만, 실은 더 쉽게 빠지는 이유죠. 뇌가 그렇게 변화하는 것입니다. 일단 중독이 되면 심리의 문제에서 벗어나 뇌의 구조적인 이상을 일으키니, 마음먹은 대로 절대 안 되죠.

이두삼 아니, 그리 나쁜 걸 왜 의약품으로 허가합니까? 허용하는 나라가 잘못된 거 아닙니까? 나만 나쁜 사람 만들고 말이야….

K박사 독도 잘만 쓰면 약이 될 수 있지요. 의학적으로나 법적으로 인정한 경우에만 사용하면, 잃는 것보다 얻는 것이 많습니다. 지금도 마약을 치료용으로 쓰고 있습니다. 물론 아무리 좋은 약도 잘못 쓰면 사람을 죽이는 독이 되기도 합니다만…. 극심한 통증 치료를 위한 모르핀이나 마취용으로 사용하는 프로포폴, 그리고 수면제인 졸피뎀도 자주 신문 사회면을 장식하

죠. 치료용 대마도 마찬가지입니다. 약 자체의 위험성보다 사용하는 사람의 문제가 더 크지요. 아무리 희망과 즐거움은 없고 불안과 암울함만 있는 사회가 문제라고 하지만, 마약을 유통시키는 행위는 결코 용서받을 수 없습니다.

이두삼 박사님. 그런데 오늘은 제 문제 상담하러 왔는데, 억수로 혼만 나다 가는 거 같네요. 상담이 왜 이럽니까!

K박사 그렇게 생각하셨다니, 다행이네요. 이두삼 씨가 내담자가 아니었다면 진짜로 혼을 냈을 겁니다. 느끼신 것처럼, 상담이 무조건 위로만 해주는 것은 아닙니다. 그래서 상담이 불편했을 수는 있어요. 위로는 나를 사랑하는 누구에게서나 얻을 수 있습니다. 그리고 교육도 상담의 한 측면입니다. 가능하다면, 스스로를 분석하고 혼자의 힘으로 수정해나갈 수 있는 능력을 학습할 필요도 있지요. 끝으로 치료적 상담에서는 위로가 아닌 직면도 필요합니다. 개인이나 사회나 정말 잘 살고 싶다면 삶의 아픈 구석을 눈감지 말고 똑바로 봐야죠. 그 과정이 아무리 힘들고 아프다고 해도 말입니다.

이성과 감성의 균형이
중요합니다

"살다 보면 아무것도 하고 싶지 않을 때가 있어요. 암흑의 시기랄까.

그럴 때면 나는 춤을 췄어요.

마음속 이야기를 잘 표현하지 못할 때 춤을 춘답니다.

세 살 먹은 아들이 죽었을 때도 너무 슬퍼서 춤을 췄습니다.

저, 미친 걸까요?"

60대 노인 조르바는 크레타 섬 광산 운영을 하려는 30대 청년(젊은 두목)을 "궁깔 비슷한 태도와 거칠한 말투"로 사로잡은 뒤 갈탄 광산 개발뿐만 아니라 청년의 인생을 뒤흔드는 영향력을 미친다. 두목의 표현을 빌자면 조르바는 "살아있는 가슴과 커다랗고 푸짐한 언어를 쏟아내는 입과 위대한 야성의 영혼을 가진 사나이"이자 "아직 모태인

대지에서 탯줄이 떨어지지 않은 사나이"이다. 하지만 그의 떳떳한 무례함과 망설임 없는 기행, 물색없는 천진함은 당혹스러움 그 자체다. "19세기에 태어나 20세기를 살다 간" 조르바가 21세기의 상담실을 찾았다.

내담자 | 조르바(男), 광부 (소설 《그리스인 조르바》의 주인공)

조르바 (상담실 문을 열고 앉자마자) 망할! 여성전용이라고? 주차장이 다 지네들 거란 말이야? 먼저 온 사람이 임자지! 여성전용은 개뿔….

K박사 조르바 씨죠? 화가 많이 나셨나 봅니다.

조르바 화가 안 나게 생겼소? 멀쩡한 사람이 상담 받으러 오는 것도 귀찮고 짜증나는 일인데, 주차하는 데서까지 여자 눈치를 봐야 하다니! 이 나이에 말이요!

K박사 아, 그러셨군요. 일단 마음을 가라앉히시고 이야기 좀 들어볼까요? 그런데 상담은 본인이 원해서 오신 게 아닌가 봅니다.

조르바 그럼요. 내가 어디 이상해보이기나 합니까? 괜히 주변 사람들이 트집을 잡는 거지요. 나보고 기분 변화가 심하고, 어떤 때는 미친 사람처럼 군다네요. 조울증인가 뭔가일지도 모른다며 꼭 상담을 가랍디다. 뭐 상담이라는 게 해가 되는 것은 아니라고 하니, 일단은 와 봤습니다.

'흥부자'인 줄 알았는데 조울증?

K박사 평소 자주 '욱' 하세요?

조르바 아이고, 김 박사. 이렇게 힘든 세상에서 어떻게 화를 안 내고 산답니까! 세상이 바뀌어도 어떻게 이렇게 바뀝니까? 예전에는 감히 얼굴도 못 들던 주제에, 무슨 여권신장이네 뭐네 하며 안 할 말 못 할 말 다 해대니, 꼭지가 안 돌 수 있나요? 하지만 하루 종일 화를 내는 것은 아닙니다. 그러다간 혈압 올라 나만 괴롭죠. 아침에는 조용해요. 내가 느끼기에도 이상하리만치 힘이 없고 마음이 가라앉습니다. 혹시 이게 문제인가요?

K박사 아! 그러셨군요. 혹시 조울증, 또는 양극성장애로 불리는 병에 대해서 좀 아시나요?

조르바 글쎄요. 기분이 들뜨면 막 하고 싶은 대로 하고, 기분이 우울하면 꼼짝 안 하고, 뭐 그런 병 아닌가요?

K박사 틀린 말씀은 아닙니다. 조증 상태가 되면 기분이 들뜨게 됩니다. 의기양양해지고요. 또 말씀하신 대로 목적지향적인 행동에 집착하죠. 마음먹으면 물불 안 가리고 달려듭니다. 다른 증상들도 많아요. 일례로, 엄청 말이 많아집니다. 흡사 입에 모터를 단 거 같이 끊임이 없죠. 과대사고를 하게 되면 세상 무서울 것이 없고, 내가 뭔가 큰 인물이라도 된 것처럼 변합니다. 술을 좋아하시는 분들은 폭음을 하고, 그로 인한 문제가 발생하죠. 성적인 행동도 지나쳐서 섹스에 과하게 몰입하게 됩니다. 조르바 씨는 어떤가요?

조르바 음…. 혹시 나를 연구하신 거 아니요? 전부 해당되는 거 같은데요. 내가 엄청 말이 많거든요. 술도 엄청 마셔대죠. 그리고 자랑할 만한 것은 못 되지만, 여자도 엄청 많습니다. 근데 그건 다 흥에 겨워서 그런 줄 알았어요. 그런데….

K박사 뭐가 떠오르시나요?

조르바 내가 소싯적에 도자기를 만들었거든요. 그때 물레 돌리는 데 자꾸 걸리적거려서, 자 이 손 좀 보세요. 내가 내 손가락을 자른 적이 있어요. 그때는 반드시 그래야만 한다고 생각했거든요. 사람들이 놀라면, 겉으로는 "나, 조르바야!"라며 센 척했지만, 사실 제정신이 아니었죠. 이게 병일 줄은 전혀 몰랐습니다.

K박사 대부분 병이라고 인식 못 합니다. 우울증은 쉽게 알아차리죠. 살기 힘드니까요. 기분이 좋고 머리 회전도 빨라지며 미래가 핑크빛으로만 보이는데 누가 병이라고 받아들이겠어요? 더구나 상대적으로 약한 경조증이라면 더욱 병이라고 인식하기 어렵죠. 이렇게 경조증이 나디니는 조울증을 '제2형 양극성 기분장애'라고 합니다.

조르바 경조증이요? 그건 또 뭐요?

K박사 조증이 산꼭대기에 오르는 거라면, 경조증은 나지막한 언덕에 올라 있는 것이라고 보시면 됩니다. 조증 상태에서는 정신병적인 증상이 나타나기도 해요. 과대망상이 심해져서 자신을 메시아나 천재 과학자라 믿고, 마치 진짜 그렇게 된 것처럼 행동을 하죠. 하지만 누가 봐도 이상하게 보이고, 조증이 가라앉으면 자신이 생각해도 이상하게 여깁니다. 반면에 경조증은 잘 모르는 사람에게는 열정적인 사람으로 비춰질 수 있어요. 스스로도 '컨디션 최상인 때' 정도로 인식하죠. 며칠 밤을 새우면서도 일에 집중을 할 수 있는데, 누가 병이라고 생각하겠어요?

조르바 어쩐 점점 더 내 이야기 같네요. 혹시 흥에 겨워서 그런 거 아닌가요? 타고나길 그렇게 태어난 사람도 있잖아요. 요즘 말로 '흥부자'라고 하지 않습니까. 모두 병이라고 싸잡아 이야기하기는 좀 그렇지 않나요?

K박사 네, 맞아요. 사람이 모두 똑같을 수는 없지요. 기질적으로 에너지가 넘치는 사람도 있고, 거꾸로 소심하고 조용한 사람도 있는 법이니까요. 그러나 병이냐 아니냐의 차이는 명백

합니다. 우선 일상생활이 유지되지 않아요. 경조증 상태에서는 정말 잘 나가는 거 같아도, 얼마 후에는 반대 상태가 되죠. 그러니 인생의 굴곡이 심할 수밖에요. 또 주기적으로 나타나는 것도 병이라는 의미입니다. 경조증 증상과 우울증 증상이 반복되어 나타난다면, 의심의 여지가 없지요.

조르바 그런데 조울증에 조증이 있다면, 우울증도 있어야 하지 않나요? 단언컨대 난 우울한 적이 없어요!

답답한 마음도
우울한 상태의 하나

K박사 경조증처럼 경우울증이라는 말은 없습니다만, 우울증도 정도의 차이가 있죠. 때론 우울증인지 모르고 넘어가기도 해요. 우울증이란 게 마음이 슬픈 병인데, 한국 사람에겐 '가슴 답답함'이 가장 흔한 증상인 것처럼 인종마다 또는 시대마다 증상이 다를 수 있어요. 중년 남성의 경우에는 기력이 떨어지거나 의욕이 없는 증상이 먼저 나타나기도 하죠. 또 말이 없어

지거나, 다 귀찮거나 할 때도 있어요. 짜증을 많이 내는 사람도 있고요.

조르바 할 말이 없네요. 실은, 살다 보면 아무것도 하고 싶지 않을 때가 있어요. 그런 암흑의 시기가 나타납니다. 뭐, 그럴 때면 춤을 추죠. 그러면 나아지니까요. 나는 마음속의 이야기를 잘 표현하지 못할 때 춤을 춘답니다. 예를 들어 세 살 먹은 아들이 죽었을 때요. 그때는 너무 슬퍼서…. 미쳤다고 하지 마쇼, 김 박사. 난 춤을 추었답니다.

K박사 많이 힘드셨겠어요. 그러고 보면, 조르바 씨에겐 춤이 감정을 표현하는 한 방식이었던 거 같네요. 그런데 남들과 너무 다르게 감정을 표현하다 보면 일반적인 방식으로는 감정을 이해하지 못 하게 되기도 해요. 너무 힘든 감정은 무의식적으로 억압하게 되어 스스로 못 느끼는 사람도 있고요. 일종의 자기방어랄까요. 춤으로 고통의 감정으로부터 달아나는 것은 아닐까요? 물론 기쁨의 감정으로부터도 마찬가지고요.

때로는 이성보다

감정에 충실하고 싶어

조르바 그런데 김 박사! 요즘 사람들 말로는 내가 너무 남성적이라나, 마초적이라나, 그러던데…. 이게 문제가 되나요? 이 문제로 젊은 사람들, 특히 여자들과 많이 부딪혔어요. 예전에는 절대 있을 수 없는 일인데, 요즘 것들은…. 아까도 망할 여성전용 주차장에 차를 세우려니, 웬 젊은 여자가 '어르신! 다음에는 다른 곳에 주차하세요'라고 하지 않겠어요! 아니, 여성전용이란 거, 그거 역차별 아니요?

K박사 그 문제를 이야기하기 전에, 고백할 것이 있습니다. 사실 조르바 씨 이야기는 오래전부터 몇 번 들었어요. 고등학교 무렵으로 기억되는데, 그때는 조르바 씨를 오해했죠. 화내지 마세요. 호색한에 문제 많은 노인네라고….

조르바 에헴….

K박사 또 그 시절엔 여느 고등학생처럼 저도 여성에 관심이 많

을 때였는데요, 조금 과장하자면 조르바 씨 얘기 덕분에 여성에 대한 잘못된 인식을 가질 뻔했죠. 조르바 씨는, 물론 시대적 상황이기는 합니다만, 요즘 말로 '여혐'이 대단하세요. 여성에 대한 인간적인 동정심도 보이긴 합니다만, 그저 욕정의 대상으로밖에 생각하지 않는 거 같았죠. 여성에 대한 편견으로 똘똘 뭉쳐 있는 느낌이었습니다.

조르바 우리 때는 전쟁 중이었소. 그때는 남자가 없으면….

K박사 네네, 시대적인 상황은 있죠. 그런데 그 '상황'이란 건 언제나 존재합니다. 조르바 씨를 다시 만난 건 제가 중년이 되어서예요. 그제야 조르바 씨가 인간의 본성 중 욕망과 감정을 대변하는 캐릭터라는 것을 알게 되었죠. 다른 중년들처럼 저도 가끔은 이성에서 탈출하고 싶은 욕구가 있거든요. 감정적인 삶을 동경할 때죠. 여태껏 눌러온 욕망이라는 본능을 이성의 우리에서 풀어놓고 싶은 때니까요. 전에 하셨던 말씀처럼, '이해하려고 하지 말자. 이해하지 않으면 행복하다', '진정한 자유는 광기로부터 얻을 수 있다' 등등을 실천하려고도 했죠.

조르바 확실히 내가 욕망에 충실한 삶을 살긴 했지요. 그나저나 내 들어보니 요즘 창조적인 두뇌 이야기를 많이 하던데, 창조적인 것은 본능적인 것으로부터 싹틀 때 더 획기적이지 않소? 그래서 요즘 잘나간다는 IT 기업에서는 논리적이고 이성적인 틀을 깨고 보다 감성적인 구조를 만들려고 하지 않던가요. 틀을 깨려면 모험이 필요하죠.

K박사 동의합니다. 하지만 역사적으로 오랜 시간 창조와 파괴의 원천이던 감정을 이성으로 통제하려고 얼마나 많은 노력을 해왔는지도 잘 아실 겁니다. 역사의 이 모든 노력이 다 헛된 것이라 하시면, 경조증의 증상인 과대사고가 아닌지 의심이 될 정도입니다. 아무튼 얼마 전에 다시 조르바 씨를 떠올렸습니다. 그랬더니, 이번에도 또 다르게 다가오시더군요. 음…, 갈등과 균형 그리고 화해에 대해 생각하게 됐습니다. 소위 같이 일하시던 두목이 이성 또는 이상을 대변한다면, 조르바 씨는 본능 또는 현실인 셈이죠. 마지막 두 분의 춤은 한 사람의 이성과 본성의 화해로 비춰졌습니다.

조르바 거봐요! 많이도 연구하셨네. 하하하. 그런데 그 이야기와 망할 여성전용 주차장이 무슨 연관이 있소?

K박사 우리 모두의 문제이기는 한데요. '여성전용은 반드시 필요하다. 왜? 세상이 위험하니까'라는 의견도 있고요. 또 필요 없다거나 남성전용도 만들어 달라는 의견도 있어요. 어떤 것이 옳을까요? 정답은 여성전용이 필요 없는 세상이 되는 것이죠. 여성전용은 차별로 비칠 수 있지만, 어디다 주차해도 안전한 사회는 모두의 바람이니까요.

갑상선 이상도
감정 기복의 원인

조르바 그거야 두말하면 잔소리죠! 세상 제일 비참한 지옥이 전쟁터 아니오. 내 거기서 살아남았지만…. 비록 총칼이 난무하는 전쟁은 아니더라도, 사람이 무섭고 길 다니기가 무서우면, 그게 전쟁터 아니겠소. 아무튼 이 조르바가 조울증이라면 어떻게 치료해야 하나요, 김 박사?!

K박사 우선 정확한 진단을 위해서는 몇 번의 상담이 더 요구됩니다. 필요하다면 심리검사도 해야 하고요. 만약 조울증이라면 원인을 찾아봐야겠죠. 갑상선이 안 좋아도 감정의 기복이 생길 수 있으니, 호르몬 검사 등도 필요할 수 있고요. 현재 치료 중에는 약물치료가 가장 효과적입니다. 다만 치료 기간이 굉장히 길어집니다. 오랜 시간 굳어진 뇌신경전달물질의 이상을 바로 잡기가 쉽지 않거든요. 또 원인적인 접근이 필요하다면, 심도 있는 분석 치료가 도움이 되실 거예요. 조르바 씨 같은 경우는 춤에 대한 애정이 있으시니 전문가와 함께 무용치료를 해보는 것도 좋을 듯합니다.

조르바 세상 참 좋아졌구만요.

K박사 한마디만 덧붙일게요. 치료를 못하는 병은 거의 없습니다. 치료를 포기하지 않으면요. 부디 이제라도 조르바 씨 마음을 제대로 들여다보는 데 시간과 마음을 쏟아보길 권합니다.

모든 감정은
존재의 이유가 있다

"저는 이 세상에 태어나 단 한순간도 행복한 적이 없었어요."

스탠드업 코미디언을 꿈꾸는, 고담 시의 광대 아서 플렉. 흙수저로 태어나 나약한 소시민으로 살아온 그는 사회의 무관심, 미래에 대한 절망, 무력감 속에서 점점 더 제정신으로 살기 힘듦을 깨닫는다. '소심한 아서'와 '악당 조커'를 오가던 그는 정부 보조금마저 떨어져 정신과 약을 탈 수 없게 되자 상담실을 찾아왔다.

내담자 | 조커(男), 광대 ('배트맨' 시리즈의 조연이던 조커를 주인공으로 희대의 악당 탄생 서사를 담은 영화 〈조커〉의 아서 플렉)

조커 이런 말씀 드리기 창피하기도 한데요. 먹고살기가 너무 힘이 듭니다. 이벤트 회사에서 광대 일을 하고 있었는데, 사고가 생겨서 직장을 잃었습니다. 병들어 누워 있는 노모도 계신데 생계마저 끊겨서 암담합니다. 여기저기 알아보니 사회보장 혜택을 받을 수 있다고 하던데…. 그렇게 되면 정신과 치료받을 때 진료비를 경감받을 수 있다고 들었습니다. 혹시 '근로능력평가용 진단서'가 가능할까요?

K박사 그럼요. 다만 정확한 진단이 필요하죠. 아시다시피 정신과 진단이란 게 엑스레이나 혈액 검사를 통해서는 알 수가 없어요. 상담이 제일 중요하고요, 심리검사가 보조적으로 사용됩니다. 그런데 상담을 통한 진단이 한 번에 이루어지기는 쉽지 않죠. 경우에 따라 다르지만, 4~5회의 상담이 더 필요할 겁니다. 이렇게 말씀드려 속상하네요. 급하실 텐데.

사고와 감정이
따로 움직이는 이유

조커 하하하하 히히히히 ㅎㅎㅎㅎ(웃음을 참으려는 모습이 역력함에도 불구하고 소리 내어 웃더니). 죄…죄송해요. 하하하하. 제가 웃음을 참지 못하거든요. 의사들이 뇌를 다쳐서 그렇다는데…. 하하하 이렇게 웃고 있지만 너무 괴롭습니다. 박사님, 당장 약이 급합니다. 지난번 치료받은 정신과 의사는 제가 망상장애에 우울증이 있다고 하더군요.

K박사 치료를 위해 필요하면 약물 처방을 해드릴게요. 생각보다 비용이 많이 들지는 않을 겁니다. 초진이거나 검사가 많지 않으면, 영화 한 편 감상하는 비용쯤 되니까요. 어떤 어려움이 있나요?

조커 지금 보시다시피 웃음을 참지 못해요. 절망적인 상황에서도 웃음이 나와서 사람들에게 눈총을 많이 받습니다. 오해를 사기도 하고요. 어릴 적에 머리를 다쳐서라는데, 이런 병이 있나요?

K박사 본인의 의도와는 다르게 웃음이 터지는 병이 있죠. 뇌를 다쳤다면, 아마도 가성정서pseudobulbar affect, PBA 또는 감정실금emotional incontinence이라고 부르는 병일 듯싶네요. 행동을 통제하는 뇌의 전두엽을 다쳤을 때 생길 수 있습니다. 뇌 손상 없이도 비슷한 증상이 있을 수 있고요. 그 밖에 다른 병에서도 볼 수 있습니다.

조커 다른 병이라면? 혹시 우울증에서도 부적절한 웃음을 볼 수 있나요? 저는 이 세상에 태어나서 한순간도 행복한 적이 없었거든요.

K박사 한순간도 행복한 적이 없었다니⋯. 마음이 많이 아프네요. 부적절한 웃음을 우울증에서도 볼 수는 있지만, 양상은 좀 다릅니다. 우울증에서의 부적절한 웃음은 슬픔을 감추려는 의식적인 또는 무의식적인 노력의 산물이죠. 또 강박증의 경우에서 부적절한 웃음을 걱정하기도 합니다. 혹시 자신이 상황과 맞지 않게 웃을까 봐 불안해하죠. 상가에 가서 웃을까 봐 조문을 포기하기도 합니다. 또, 조현병에도 부적절한 웃음이 있어요. 내면의 감정과 맞지 않는 표현을 하죠. 부모의 죽음을 이야

기하면서 미소를 띠는 경우도 있는데, 조현병이라는 질병명 그대로 사고와 감정이 따로 작동하기 때문입니다.

조커 도대체 망상은 뭔가요? 우울증인 사람이 망상을 앓을 수 있나요? 아니면 뇌를 다쳐서 그런가요?

K박사 망상이란, 비슷한 환경과 교육 수준의 사람으로서는 도저히 받아들일 수 없는 잘못된 믿음을 이야기해요. 흔하게 접할 수 있는 망상장애 중에 의처증이 있죠. 의학적으로는 질투망상이라고 부르는데요, 예컨대 근거가 없는데도 아내의 불륜을 확신하는 거죠. 우울증의 심한 형태에서도 볼 수 있고, 뇌를 다쳐서 생기는 기질성 뇌장애에서도 가능하죠. 여러 가지 형태의 망상장애가 존재해요. 자신이 위대한 사람이라고 여기는 '과대망상', 이유 없이 괴롭힘을 당한다는 '피해망상', 의학적 검사 결과 정상인데도 불구하고 틀림없이 큰 병을 앓고 있다고 믿는 '질병망상' 등이 있어요. 그리고 '폴리아듀Folie a deux'라는 것이 있죠.

조커 폴리아듀? 처음 듣는데, 병 이름인가요?

K박사 네. 19세기 프랑스의 정신과 의사들이 만든 개념인데요. 이 폴리아듀는 '이인정신병madness of two'이라는 뜻입니다. 두 사람이 같은 망상을 갖게 되는 거죠. 말하자면 망상이 전염된 것이라 볼 수 있어요. 부모와 자식 관계처럼 한쪽이 지배적인 경우에는 지배하는 부모의 망상이 자식에게로 넘어가기도 합니다. 환각과 망상이 특징적이고, 두 사람뿐만 아니라 세 사람이나 가족 전체가 망상을 앓기도 하죠. 최근에는 '유발성 망상장애Induced delusional disorder'라고 합니다.

분노는 스스로를
파괴하는 독

조커 왠지 제 이야기 같기도 합니다. 박사님, 제가 최근에 엄청난 분노를 터뜨린 적이 있어요. 왜 사람들은 저를 무시하고 무례하게 구는 거죠? 자신보다 못하다고 판단되면 무조건 업신여기는 사람들이 많아진 거 같아요. 제가 정말 도저히 참을 수가 없어서…. 아, 비밀 보장은 되겠죠? 아니, 보장되지 않아도 괜찮습니다. 제가 참다못해 몹쓸 짓을 하고 말았습니다. 하지만 전혀 후회는 안 해요. 죄책감요? 전혀 없습니다.

K박사 분노는 인간을 병들게 하죠. 못에 슨 녹과 같아서, 점점 커져 결국 자신을 바스러뜨리고 맙니다. 무시를 당하면 누구나 화가 납니다. 개개인의 특성에 따라 다르겠지만, 저는 화가 나면 표현하는 것이 옳다고 생각해요.

조커 그렇죠! 박사님 마음에 드네요. 화가 나면 화를 내는 것이 당연한 거죠!

K박사 단, 절대적인 조건이 붙죠. 화는 반드시 '잘' 내야 해요. 합리적이고 생산적으로 말이에요. 감정에는 모두 목적이 있어요. 화라는 감정은 나름의 목적이 있으니 표현해야겠죠. 슬픔의 목적이 '위로'라면, 화의 목적은 '존중'일 거예요. 아까 말씀하신 대로 무시하지 말고, 무례하게 굴지 말라는…. 그런데 화를 폭발시켜 폭력적인 행동으로 번진다면, 상대가 무서워는 하겠지만, 절대 상대의 행동이 바뀌지는 않을 겁니다.

조커 틀렸어요, 박사님. 아주 극한의 폭력을 사용한다면, 다시는 누구도 무시 못 하게 되겠죠! 이게 마땅한 징벌 아닌가요?

K박사 힘의 논리로 분노를 보자면, 전쟁과 살인밖에 남는 것이 없어요. 감정은 서로에게 표현하는 것이죠. 상대가 없으면 분노의 감정은 스스로를 파괴하는 독이 되는 겁니다. 당장은 속 시원할 수 있겠지만, 결국 폭력은 모두를 파멸로 몰아넣는 일이죠. 말씀 안 드려도 아시겠지만, 범죄자가 되면 인생 망치는 거고요. 그런데 정말 죄책감이나 후회가 없나요?

조커 네! 그냥 좀 다른 느낌, 어쩌면 약간의 쾌감까지…. 아무튼 후회는 없습니다. 혹시, 사이코패스 떠올리세요?

K박사 네. 아주 나쁜 짓을 저지르고도 후회하지 않는다면 사이코패스의 진단도 생각해봐야겠죠.

조커 제가 보기에는 나쁜 짓 저지르고도 후회하지 않는 인간들이 한둘이 아니던데요. 국민을 우습게 알고 나라를 뒤흔들어 놓는 작자들이나, 돈이나 권력이 있다고 갑질하는 인간이 어디 한둘인가요? 매일 저녁 뉴스에 나오는 그런 작자들도 전혀 반성의 기미가 안 보이더이다.

K박사 차이는 존재하죠. 오로지 자신의 이득을 위해서 다른 사람의 안녕은 염두에 두지 않고, 부정한 짓을 저지르고도 얼굴색 하나 안 변하는 것은 똑같지만, 다른 부류입니다. 범죄, 특히 폭력적 범죄에 연루되면 사이코패스라고 하고, 비록 나쁜 짓이라도 비폭력적이거나 범죄에 연루되지 않는다면 소시오패스라고 부릅니다. 소시오패스의 경우에는 양심의 가책을 느끼기도 합니다.

조커 그럼 전 처벌을 받아야 하나요?

K박사 제 생각에 처벌은 처벌대로 받아야 하고, 치료 또한 받아야겠죠. 사실 정신과 의사들의 한결같은 고민 중 하나입니다. 치료가 필요한 경우지만, 그렇다고 강제적인 수단을 동원하면 인권에 반한 것은 아닌가 하고 말입니다. 사회 안녕을 보다 중시하는 사회라면 법원에서 치료보호 명령을 내리기도 합니다.

조커 　그런데…. 제가 왜 이렇게 되었을까요? 이렇게 살려고 태어난 것은 아닌데….

K박사 　글쎄요. 정확한 원인은 진단과 마찬가지로 한두 번의 상담으로는 알 수 없습니다. 또 원인은 결국 밝히지 못하는 경우도 적지 않고요. 하지만 어릴 적 머리를 다치셨다면, 그 시점부터 잘 살펴봐야 할 듯합니다. 혹시 큰 사고나 양육자의 학대나 폭력적 사건 때문이라면, 그로 인한 정신적 불안정이 생길 수 있습니다. 뇌를 다치지 않더라도, 어릴 적 트라우마는 정신건강에 큰 위협이 되죠. 상실감, 가난, 질병, 재난 등 우리가 성장하는 환경 또한 중요합니다.

조커 　어찌 보면 정상적으로 살 그는 것이야말로 행운인 거 같네요.

K박사 　동의합니다. 다행인 것은, 인간이 그렇게 쉽게 무너지지

는 않는다는 겁니다. 아무리 세상이 변해도 인간은 살아가게 되죠. 그래도 조커 씨가 자신의 병에 대한 자각이 있는 것이 다행입니다. 약 처방을 받으러 상담실을 찾아준 것을 보면, 희망이 보입니다.

조커　너무 속단하지는 마세요. 제 안에 더 무서운 존재가 있을 수도 있으니까요. 하지만 약을 먹으면 차분해지죠. 약을 먹지 말라고 조언하는 분들이 너무 많아요. 중독이 된다느니, 치매가 된다느니, 심지어는 마음 강하게 먹으면 다 없어진다는 사람들도 있어요. 마치 자신은 엄청 강한 사람인 양 착각하는 거죠. 저처럼 뇌를 다치거나, 어릴 적 트라우마를 입었다면, 어림없죠. 어떤 정신과 질병은 약물을 먹는다고 100퍼센트 치료되지 않는 경우도 있다는 걸 압니다. 하지만 약을 먹지 않았을 때보다는 훨씬 나아요. 약물치료를 하면서 일상의 정상 궤도를 찾아야 마음속의 상처를 치유할 수 있는 것 아닌가요?

K박사　네. 정확히 알고 계시네요. 우리 주변에는 남의 이야기를 너무 쉽게 하는 사람들이 많아요. 그런 사람들 특징이 남들의 의견을 무시하고 무례하게 굴기 일쑤지요. '스스로 존중받

고 싶다면, 다른 사람의 의견과 생각을 존중해야 한다'는 상식
이 통하는 사회가 되었으면 해요.

나쁜 기억으로
인생을 허비하지 않는 법

삶을 힘들게 하는 것 중의 하나가 나쁜 기억이다. 상담 중에는 어릴 적 기억이 인생 전체를 지배하는 경우를 흔치 않게 볼 수 있다. 예를 들어, 어린 시절 개울물에 빠졌던 경험 때문에 성인이 되었지만 무릎 근처까지밖에 안 찬 수영장에서도 등골이 서늘해진다는 사람들이 적지 않다. 이성적으로는 수영장이 절대 위험하지 않다는 것을 인지하면서도, 엄습하는 공포와 불안의 감정을 떨쳐내기 힘들다.

다양한 삶만큼 다양한 기억과 결과들이 있다. 기우는 가난하고 고단한 삶의 기억으로 열등감이 자리 잡았다. 지영은 성차별의 아픔으로 해리장애가 발병했다. 서진은 디지털성범죄의 피해자로 극한 상황까지 가기도 했다. 이두삼은 자신이 저지른 만행의 기억으로 마약에 빠지고, 조르바는 세 살 난 아이의 죽음으로 감정적 혼란을 겪어야 했다. 심지어 사회의 차별에 분노한 조커는 감정실금, 망상장애, 반사회성인격으로 진단할 수 있을 정도의 정신과적 질병을 앓게 된다.

극단적으로 이야기하자면, 정신과 상담은 전적으로 기억에 의존한다. 상담실에서 환자의 태도나 표정도 중요한 분석의 자료가 되지만, 기억해낸 여러 이야기의 분석에 더 많은 시간을 할애한다. 그런데 기억에는 시간이란 변수가 있다. 오랜 기억은 당연히 흐릿해진다. 최근 기억은 세세한 부분까지도 설명할 수 있다.

기억의 무게 또한 변수다. 무심하게 지났던 일은 기억조자 못 한다. 반면, 감정적으로 힘들었거나 좋았던 기억은 오래도록 잊히질 않는다. 특히나 생존에 영향을 미칠 정도의 큰 사건이라면 트라우마로 남겨지고, 심한 경우 외상후스트레스장애의 원인이 된다. 기억과 얽힌 감정에 사로잡히게 되면 그때의 악몽이 그대로 재현되는 지옥과 같은 고통이 엄습한다.

그래서 기억은 편집이 된다. 스스로의 편의에 맞게 조작되는 것이다. 있는 그대로의 사실이 나를 힘들게 하면 다른 형태로 기억이 되기도 한다. 가해자가 피해자가 되기도 하고, 한 대 맞은 것이 수십 대 맞은 기억으로 확장되기도 한다. 나의 기억과 부모 또는 가족들의 기억이 다른 이유이다.

꼭 어릴 적 기억이 아니더라도, 기억은 왜곡되고 변형된다. 그렇다면 이런 거짓된 기억은 무슨 소용이 있을까? 상담 중에는 '기억하고 있다는 사실'이 기억 자체보다 더 중요하다. 어릴 적 기억과 그 기억에 얽힌 정서적 반응이 인생 전체의 감정적 틀을 만들기 때문이다.

나쁜 기억으로 인생 전체가 힘들다면 어떻게 빠져나와야 할까? 망각할 수 있으면 좋겠지만, 안타깝게도 손쉬운 망각의 방법은 없다. 어렵고 힘들더라고 회피하지 말고 그 기억의 이면에는 무엇이 있을지 살펴보아야 한다. 매번 기억으로 소환되는 아픔이 일상을 방해할 정도라면 전문적인 도움이 필요한 것은 당연하다. 만약 고통을 감내할 만하다면, 그 시절의 입장에서 빠져나와 객관적으로 보려고 노력해야 한다. 아주 사소한 것까지도 기억해보는 것이 좋다. 같은 기억을 갖고 있는 사람과의 기억 교환도 도움이 된다. 그리고 가장 중요한 것은 현실에 근거한 판단을 하는 과정이다. 과거 기억 속 감정에 얽매이지 말고, '지금-여기'에 있는 '나 자신'에게 집중해야 한다. 지금의 나라면 그때 어떻게 했을까?

감
사
의
글

이 책《두렵지만, 나에게 솔직해지기로 했다》속 주인공들에게 감사 드립니다. 그분들의 솔직함이 없었다면, 이 책은 불가능했을 것입니다.

정신과 의사로서 나의 삶을 지탱하게 해주는 환자들에게 감사 드립니다. 모두 자신과 삶을 더욱 소중하게 아껴주길 바랍니다.

어려운 환경임에도 독자를 위한 배려가 무엇인지 편집으로 보여준 빌리버튼, 그리고 '김진세 박사의 K상담실' 연재에 많은 도움을 주신 경향신문 토요판 팀장 장회정 기자에게 감사의 인사를 전합니다.

끝으로, 부모님, 형제들, 그리고 아내와 두 아들, 정말 사랑합니다.

우리 모두 죽는 날까지 '삶의 균형'을 잃지 않기를.